Ésope

FABLES

Traduit du grec et présenté
par Claude Terreaux

arléa

16, rue de l'Odéon, 75006 Paris
www.arlea.fr

Collection "Poche-retour aux grands textes"
– Domaine grec –
– N° 26 –

Mai 2004
ISBN 2-86959-317-1

Quant à Ésope, il me semble qu'on le devrait mettre au nombre des Sages dont la Grèce s'est vantée, lui qui enseignait la véritable sagesse, et qui l'enseignait avec bien plus d'art que ceux qui en donnent des Définitions et des Règles.

La Fontaine

À Virginie

Leur dette est réciproque : si Ésope fournit une bonne part de sa matière à La Fontaine, en retour c'est sans doute à celui-ci que le fabuliste grec doit d'occuper une – petite – place dans nos mémoires. Chacun de nous se souvient avoir découvert Ésope au détour de quelque note, en bas de page, dans une édition scolaire des Fables *de La Fontaine. On y apprenait que* Le Corbeau et le Renard, La Cigale et la Fourmi *ou* Le Corbeau voulant imiter l'Aigle *avaient leur source dans Ésope. Avec un peu de chance, l'édition donnait – en petits caractères – la traduction de l'original ésopien. Quelques questions nous invitaient ensuite à étudier la façon dont La Fontaine avait enrichi son modèle. Et pour beaucoup, la connaissance d'Ésope s'arrêtait là. C'était peu. C'était donner raison à Taine qui juge sévèrement « ces tristes fables d'Ésope qui se sont jouées dans l'imagination grecque pendant tant de siècles ». Et c'était dommage. Aujourd'hui les poèmes de Reverdy ou de Guillevic, la lecture des haïkus ou des épigrammes grecques nous ont appris à goûter le charme de la forme brève. Nous sommes mieux à même d'apprécier avec Lessing le dépouillement, sinon la sécheresse, de la manière d'Ésope. En outre, il n'est pas sans intérêt de découvrir, au fil des fables, ce mélange de prudence et de* mètis *– intelligence, ruse, malice – qui faisait le fond de la sagesse pratique des Grecs. Et nous aurons plaisir, sinon profit, à méditer ces petits récits souvent pleins d'humour dont Platon nous dit que Socrate, dans sa prison, s'occupait à les mettre en vers. Petits récits dont la popularité fut telle au Moyen Âge qu'on peut penser qu'ils ne furent pas sans inspirer les auteurs du* Roman de Renard.

La personne d'Ésope appartient plus à la légende qu'à l'histoire. On lira pour le plaisir la Vie d'Ésope le Phrygien, *que La Fontaine a publiée en tête de ses fables et qui suit de très près la célèbre* Vie d'Ésope, *compilation romanesque rédigée au* XIVe *siècle par un moine byzantin nommé Planude. Quant aux données proprement historiques, elles sont des plus réduites.*

C'est à Hérodote que nous devons la première mention d'Ésope. Dans un passage des Histoires (II, 134), *Hérodote parle d'Ésope comme d'un personnage bien connu de ses lecteurs. Il le présente comme un auteur de fables* (logopoios) *qui vécut au* VIe *siècle avant J.-C., aurait été l'esclave d'un dénommé Iadmon et mourut assassiné par les Delphiens. Cette mention du meurtre d'Ésope serait pour nous bien énigmatique si nous ne disposions de quelques autres témoignages. Le plus important est celui du scholiaste – c'est-à-dire du commentateur antique – des* Guêpes *d'Aristophane. Selon le scholiaste, Ésope se serait moqué des Delphiens, leur reprochant de ne compter pour vivre que sur les offrandes faites à Apollon qui avait son temple dans leur ville. Pour se venger, les Delphiens auraient glissé une coupe sacrée dans les bagages du fabuliste. Celui-ci ayant quitté la ville sans se douter de rien, les Delphiens se lancèrent à sa poursuite et, tirant de ses bagages la coupe prétendument volée, ils accusèrent Ésope de sacrilège, le menèrent au sommet d'une falaise et le précipitèrent dans l'abîme. Le souvenir de cette mort violente est resté longtemps vivant chez les Grecs : à l'époque hellénistique, une « mort à la façon d'Ésope » désignait une mort inique.*

Une autre scholie d'Aristophane (au vers 471 des Oiseaux*) nous apprend qu'Ésope se rendit en Lydie auprès du roi Crésus qui se plaisait dans la compagnie des sages. Plutarque complète l'information en rattachant à cet épisode la mort d'Ésope. Celui-ci aurait été chargé par Crésus d'apporter une offrande à l'Apollon de Delphes et de remettre une gratification aux Delphiens. Mais, irrité pour on ne sait quelle raison contre les Delphiens, Ésope aurait refusé de remettre l'argent à eux destiné et c'est pourquoi il aurait été mis à mort. (*De la vengeance tardive des dieux, *ch. XII.)*

Et voilà à peu près tout ce que nous a légué l'Antiquité sur Ésope : avec cela nous ne savons ni où il est né, ni où il a vécu. La plupart des anciens en font un Phrygien mais d'autres en font un Thrace ou un Lydien. Rien ne permet de trancher.

Reste que c'est à ce personnage nommé Ésope que les anciens attribuaient la création d'un grand nombre de fables dont ils étaient manifestement friands. Qu'en est-il au juste ? Ésope rédigea-t-il des fables ou ne fit-il qu'en raconter ?

Bon nombre d'historiens de la littérature pensent qu'Ésope n'a rien écrit. Il faudrait voir en lui un conteur de talent qui aurait excellé à mettre en forme de brefs apologues, dont une partie au moins appartenait à la tradition populaire, cependant qu'il aurait tiré les autres de son propre fonds. Son talent de conteur lui aurait valu d'être considéré comme le père de la fable, ce qu'au demeurant il n'était pas vraiment : on trouve une fable d'allure ésopique dans Les Travaux et les jours *d'Hésiode, un poète du* VIIIe *siècle. Au* VIIe *siècle, le poète Archiloque compose à son tour quelques fables. Quoi qu'il en soit, conformément à l'usage qui voulait que tout genre littéraire eût un inventeur, c'est à Ésope que, dès le* V^e^ *siècle, les Grecs prirent l'habitude de rapporter toutes les fables. Celles-ci étaient devenues extrêmement populaires et quelques-unes circulaient peut-être déjà sous une forme écrite. C'est ainsi que nous pouvons entendre cette réplique, dans* Les Oiseaux *d'Aristophane : « Tu es un ignorant bien peu curieux de t'instruire : tu n'as pas pratiqué Ésope » (*Oiseaux, *471). Quant à Platon, s'il ne veut pas d'Homère dans sa cité idéale, il y admet Ésope.*

Au IVe *siècle, on voit des auteurs et des orateurs citer ou inventer eux-mêmes des fables. Ainsi, dans le* Discours de la Couronne, *de Démosthène, on trouve l'apologue du* Médecin et du malade *: il entrera par la suite dans les recueils ésopiques. Ceux-ci ne vont cesser de s'enrichir au cours des siècles et on a pu soutenir qu'au* X^e^ *siècle encore, à Byzance, on composait des « fables d'Ésope ». Voilà pour-*

quoi, comme l'écrit Jacques Jansens dans La Fable et les fabulistes *(Bruxelles, 1955), « il n'est pas toujours possible de départager les créations d'Ésope de celles de ses épigones. Les unes et les autres ont été confondues sous la même appellation, la célébrité d'Ésope ayant incité les Grecs des siècles postérieurs à lui attribuer toutes les productions du genre dans lequel il s'était illustré ». C'est ainsi que, vers l'an 300 avant J.-C., Démétrios de Phalère, un élève de Théophraste, attribue à Ésope l'ensemble des fables qu'il publie dans le premier recueil ésopique dont nous ayons connaissance.*

Le recueil de Démétrios est perdu, comme est perdu également celui que Nicostrate composa au IIe *siècle de notre ère. Il est toutefois permis de penser que les différents recueils ésopiques qui se sont constitués par la suite sont issus, pour une large part, du choix opéré par Démétrios et Nicostrate. Chacun de ces recueils comporte un nombre variable de fables ; il en est de même des différentes éditions modernes. Tout dépend en effet de ce que l'on entend par ésopique. Pour les uns, ne méritent ce titre que les fables anonymes dont la langue reste proche du grec classique. Pour d'autres, peuvent aussi être considérées comme ésopiques les fables dont on connaît les auteurs mais que leur inspiration et leur facture apparentent étroitement au style ésopique. Moyennant quoi, le nombre des fables varie selon les éditions entre deux cent cinquante et cinq cents. Pour notre part, à une dizaine d'exceptions près, nous avons fait nôtre le choix d'Émile Chambry qui, en 1927, fit paraître aux Belles Lettres (Collection des Universités de France) une édition critique et une traduction des* Fables *d'Ésope. C'est également à partir du texte grec établi par Chambry que nous avons élaboré notre propre traduction. En quelques endroits, toutefois, nous lui avons préféré telle ou telle variante signalée par Hausrath dans son édition du* Corpus Fabularum Aesopicarum *(Teubner, 1940 et 1956).*

C.T.

La mouche

Une mouche tomba dans une marmite de viande. Sur le point de mourir noyée dans la sauce, elle se dit : « Eh bien, maintenant que j'ai mangé, bu et pris un bain, que m'importe de mourir ? »

On supporte facilement la mort quand on n'y attache pas de sombres pensées.

La chamelle

Une chamelle traversait un fleuve au courant rapide. Ayant lâché sa crotte, elle la vit bientôt devant elle, emportée par le flot. « Qu'est cela, s'écria-t-elle, ce qui me vient de derrière me passe sous la figure ? »

Dans certains États, il arrive que les derniers des imbéciles l'emportent sur les gens sensés.

Guerre et violence

Les dieux prirent chacun pour femme celle que le sort lui assignait. Quand vint le tour du dieu Guerre, il ne restait que Violence : il s'éprit follement d'elle et l'épousa. Depuis lors, il l'accompagne partout où elle va.

La violence règne-t-elle dans une cité ou parmi les nations : elle entraîne avec elle guerre et affrontements.

Le chat et le coq

Un chat voulait se donner une bonne raison de dévorer un coq tombé sous sa griffe.

– La nuit, accusa-t-il, tes cris privent les hommes de sommeil.

– C'est, se défendit le coq, un service que je leur rends : je les rappelle à leurs devoirs.

Le chat ne se démonta pas et fit grief au coq d'outrager la nature en s'accouplant avec sa mère et ses sœurs.

– C'est encore, répondit le coq, tout profit pour les maîtres : ils trouvent ainsi des œufs en abondance.

– Tous tes beaux arguments ne me laisseront pas le ventre vide, s'écria le chat. Et il croqua le coq.

Les prétextes spécieux lui font-ils défaut, le scélérat agit à visage découvert quand il est décidé à mal faire.

Le pêcheur qui jouait de la flûte

Un pêcheur qui était aussi flûtiste prit avec lui sa flûte et ses filets et se rendit au bord de la mer. Debout sur un promontoire, il se mit à jouer. Les poissons, pensait-il, attirés par la beauté de la musique, sauteraient d'eux-mêmes hors de l'eau jusqu'à lui. Il joua longtemps sans faiblir. En vain. Laissant alors sa flûte, il saisit son filet et le jeta dans l'eau. Il prit quantité de poissons. Du filet, il les jeta sur le rivage. Comme il les voyait frétiller : « Maudites bêtes, dit-il, que ne dansiez-vous quand je jouais ! »

Il en est ainsi de ceux qui agissent à contretemps.

Le jardinier et le chien

Un jardinier descendit au fond d'un puits pour délivrer son chien qui était tombé dedans. Pensant que son maître était venu pour l'enfoncer plus encore, le chien se retourna et le mordit.

Tout à sa douleur, le jardinier se retira : « J'ai eu, dit-il, ce que je méritais. Qu'ai-je voulu tirer du pétrin celui qui s'y est mis lui-même ? »

La chatte et Aphrodite

Une chatte qui s'était éprise d'un jeune homme distingué pria Aphrodite de la changer en femme. Émue par une telle passion, la déesse transforma l'animal en une jolie jeune fille. Le jeune homme la vit, tomba amoureux d'elle et la mena chez lui. Alors, pour voir si la chatte avait changé de mœurs en même temps que de corps, Aphrodite déposa une souris dans la chambre nuptiale. Aussitôt, oubliant où elle était, la jolie créature se leva du lit et se lança à la poursuite de la souris pour la manger. Indignée, la déesse la fit revenir à son état premier.

Les traits du méchant peuvent changer, il n'en garde pas moins ses mauvaises manières.

La vieille femme et le médecin

Une vieille femme malade des yeux fit venir un médecin. Celui-ci se rendit chez elle et, chaque fois qu'il lui appliquait un onguent, comme elle avait les yeux fermés, il lui dérobait l'un ou l'autre de ses meubles. Quand il eut fini et d'emporter les meubles et de soigner la vieille, il réclama ses honoraires. Comme la vieille refusait de payer, il lui intenta un procès. Au tribunal, elle déclara qu'elle s'était engagée à payer à condition qu'on la guérît ; or, à présent, elle y voyait encore moins qu'avant d'être soignée : « Auparavant, dit-elle, je voyais tous les meubles de ma maison ; maintenant je n'en vois plus aucun. »

La jeune génisse et le bœuf

« Pauvre de toi ! », dit une génisse à un bœuf en le voyant travailler.

Là-dessus, vient une fête. On dételle le bœuf. On prend la génisse pour l'égorger. Et le bœuf de sourire : « Voilà génisse, pourquoi tu chômais : on te destinait au sacrifice. »

Il y a péril en l'oisiveté.

Les dauphins, les baleines et le goujon

On se battait entre dauphins et baleines. La bataille faisait rage depuis longtemps quand, arrivant des profondeurs, un goujon tenta de les réconcilier. Mais l'un des dauphins prit la parole : « Plutôt mourir sous les coups de nos adversaires que de t'avoir pour médiateur ! »

Il arrive qu'en temps de troubles des moins que rien se prennent pour quelque chose.

Diogène et l'homme chauve

Au bonhomme chauve qui l'insultait, Diogène lança : « L'insulte ? Ce n'est pas mon fort. Mais tous mes compliments aux cheveux qui ont déserté ce méchant crâne. »

Hermès et le sculpteur

Hermès voulut savoir en quelle estime les hommes le tenaient. Il prit l'apparence d'un mortel et se rendit dans l'atelier d'un sculpteur. Voyant une statue de Zeus, il demanda : « Combien ? – Une drachme », lui dit-on. Il sourit : « Et celle d'Héra ? – C'est plus cher. » Il vit alors sa propre statue. Il pensait que sa double qualité de messager et de dieu du commerce lui vaudrait le prix fort. « Et Hermès, c'est combien ? s'enquit-il. – Oh, celle-là, si tu m'achètes les deux autres, je te la donne en prime. »

Tel s'enfle de vaine gloire qu'on tient pour moins que rien.

Les bœufs et l'essieu

Des bœufs tiraient un chariot. Comme l'essieu grinçait, ils se retournèrent et lui dirent : « C'est nous qui portons le fardeau et c'est toi qui cries ? »

Aux uns la peine, aux autres la plainte.

Héraclès et Athéna

Comme il cheminait sur une route étroite, Héraclès vit à terre quelque chose qui ressemblait à une pomme et entreprit de l'écraser. La chose doubla alors de volume sous ses yeux. Il la piétina avec plus de force encore et la frappa de sa massue. Mais la chose grossit dans de telles proportions qu'elle obstruait le chemin. Héraclès jeta sa massue et il demeurait là, en proie à l'étonnement, quand Athéna lui apparut et lui dit : « Arrête, frère, ce que tu vois là, c'est l'esprit de querelle et de discorde. Tant qu'on s'abstient de le provoquer, il ne bronche pas. Mais quand on s'y attaque, il s'enfle de la façon que tu vois. »

Le choucas et le renard

Un choucas affamé était perché sur un figuier ; il en trouvait les fruits trop verts et attendait qu'ils mûrissent. Un renard le voyant temporiser de la sorte en connut bientôt la raison et lui dit : « Mon ami, tu as tort de t'en remettre à l'espoir, il ne nourrit pas son homme, sinon d'illusions. »

Les escargots

Un petit paysan faisait griller des escargots. Comme il les entendait grésiller, il leur dit : « Vilaines bêtes, vos maisons brûlent et vous chantez ! »

Ainsi va le blâme à qui agit à contretemps.

Les voyageurs et l'ourse

Deux amis faisaient route ensemble. Surgit une ourse. Aussitôt l'un de grimper à un arbre et de s'y dissimuler. L'autre, se voyant sur le point d'être rejoint, se jette à terre et fait le mort. L'ourse promène sur lui son museau, le flairant de-ci, de-là, mais il retient sa respiration. (On dit en effet que les ours ne touchent pas aux cadavres.) L'animal parti, celui qui était dans l'arbre en descend et demande à son compagnon ce que l'ourse lui a dit à l'oreille. « De ne plus voyager désormais avec des amis qui vous lâchent dans le danger », répond-il.

C'est dans l'épreuve qu'on reconnaît les vrais amis.

Les pots

Un pot de terre et un pot de cuivre flottaient sur une rivière. Le premier dit à l'autre : « Éloigne-toi de moi, car si tu me heurtes, je volerai en éclats. »

Voisinage risqué pour le pauvre que celui d'un prince rapace.

Le choucas et les corbeaux

Un choucas de taille peu commune n'avait que mépris pour ses semblables. Il s'en vint chez les corbeaux dans l'idée de vivre avec eux. Mais les corbeaux, qui ne le connaissaient ni de plumes ni de voix, le chassèrent sans ménagement. Rejeté de la sorte, le choucas retourna chez les siens. Mais ceux-ci ne lui pardonnaient pas son orgueil : ils refusèrent de le recevoir. Et il ne put vivre ni avec les uns, ni avec les autres.

À ta patrie, préfères-tu un autre pays : ici tu es rejeté comme étranger, là ton mépris te vaut la haine.

Le renard et le crocodile

Un renard et un crocodile disputaient de leur noblesse. Le crocodile s'attarda sur les hauts faits de ses ancêtres et conclut en disant que ses parents présidaient aux jeux gymniques. Le renard répliqua : « Quand même tu ne l'aurais pas dit, ta peau fait assez voir ta longue pratique du gymnase. »

Contre les menteurs, les faits parlent d'eux-mêmes.

Les voyageurs

Des voyageurs s'en allaient conclure une affaire. Et voici qu'en chemin ils rencontrent un corbeau borgne. Comme ils s'en détournaient et que l'un d'eux, sur la foi d'un tel présage, conseillait de rebrousser chemin, un autre répliqua : « Comment celui-là pourrait-il prédire l'avenir, qui n'a même pas su prévoir ni éviter la perte de son œil ? »

On ne saurait écouter les conseils de qui n'a pas vu clair dans ses propres affaires.

La biche et le lion

Une biche poursuivie par des chasseurs parvint à l'entrée d'une grotte où se trouvait un lion. Elle y entra pour s'y cacher. Au moment de mourir sous la patte du lion, elle dit : « Triste sort que le mien : en voulant fuir des hommes, je me suis livrée à une bête sauvage. »

Parfois la crainte d'un petit danger nous jette dans un plus grand.

Le chevreau et le loup

De la maison où il se trouvait, un chevreau vit passer un loup. Il se mit à l'insulter et à le railler. Alors le loup : « L'insulte ne vient pas de toi, mais du lieu où tu te tiens. »

Tu crânerais moins devant les forts si tu n'étais au bon moment à la bonne place.

L'alouette

Prise au piège, une alouette se lamentait : « Malheur à moi ! Pauvre oiseau que je suis ! Je n'ai volé ni or ni argent ni objet précieux : c'est pour un petit grain de blé que je vais trouver la mort. »

Si grand risque pour si peu !

L'âne et le jardinier

Un âne au service d'un jardinier mangeait peu et travaillait beaucoup. Il pria Zeus de le délivrer de sa condition en le faisant passer au service d'un autre maître. Zeus l'exauça et il fut vendu à un potier. Mais, de nouveau, l'âne rechignait : il portait à la fois la terre et la poterie, si bien que son fardeau était encore plus lourd qu'auparavant. Il demanda une fois encore à changer de situation et il fut vendu à un corroyeur. Le voilà tombé entre les mains d'un maître bien pire que les précédents. Voyant à quelles activités il se livrait, l'âne disait en gémissant : « Malheur à moi ! Que ne suis-je resté chez mes premiers maîtres ! Celui-ci, je le vois bien, finira par me faire la peau ! »

Nouveau maître fait regretter l'ancien.

L'aigle et ses deux maîtres

Un jour, un aigle fut capturé par un homme. Celui-ci lui coupa les ailes avant de le laisser aller avec les volailles de sa basse-cour. L'aigle baissait les yeux de honte ; rongé par le chagrin, il ressemblait à un roi captif. Un autre homme l'acheta, qui lui arracha ses plumes. Après quoi, il lui fit une onction de myrrhe et les ailes repoussèrent. L'aigle prit son essor et, ayant saisi un lièvre dans ses serres, il voulut en faire cadeau à son nouveau maître. Mais un renard le vit, qui lui dit : « Donne-le plutôt à ton premier maître car le second est d'un bon naturel : il vaut mieux te faire bien voir du premier, de peur qu'il ne te reprenne et te prive à nouveau de tes ailes. »

Le chat et les poules

Il vint aux oreilles d'un chat qu'en certain poulailler les poules étaient malades. Il se donna l'allure d'un médecin et, prenant avec lui les instruments de l'art, se rendit chez les poules. Parvenu à la porte du poulailler, il leur demanda : « Comment vous sentez-vous ? – Fort bien, répondirent-elles, pourvu que tu décampes. »

Ils ont beau jouer aux plus dévoués des hommes, les méchants n'abusent pas l'homme sensé.

L'homme qui promettait l'impossible

Un homme gisait, malade et mal en point. Il était pauvre. Comme les médecins lui avaient enlevé tout espoir de guérison, il fit aux dieux le vœu de leur offrir une hécatombe et de leur dédier un monument s'il se rétablissait. Sa femme, qui se trouvait à ses côtés, lui demanda : « Et où prendras-tu l'argent ? – Crois-tu donc, lui dit-il, que je vais me rétablir, pour que les dieux me réclament ces dons ? »

Les promesses sont aisées à qui sait qu'il ne les tiendra pas.

Le chameau et Zeus

Jaloux du taureau qui se glorifiait de ses cornes, le chameau voulut en avoir de semblables. C'est à Zeus qu'il alla les demander. Mais le dieu s'indigna : « Eh quoi, ta grande taille et ta force ne te suffisent-elles donc pas que tu veuilles encore davantage ? » Et, loin de lui ajouter des cornes, il lui raccourcit les oreilles.

Tout à ton envie pour les biens d'autrui, tu ne t'aperçois pas qu'on t'enlève les tiens.

Le lion et le sanglier

C'était l'été, quand la chaleur dessèche les gosiers. Un lion et un sanglier étaient venus se désaltérer à une petite source. Et ils se disputaient à qui boirait le premier. La querelle dégénéra en un combat sanglant. Soudain, s'étant momentanément séparés pour reprendre haleine, ils virent des vautours qui attendaient que l'un d'eux succombe pour le dévorer. Alors, rompant là leur querelle : « Mieux vaut devenir amis que servir de pâture aux vautours ou aux corbeaux. »

Querelles et disputes nous exposent au danger : bonne chose d'y mettre fin.

Le serpent, la belette et les rats

Un serpent et une belette étaient venus se battre dans une maison. Ce que voyant, les rats, qui d'ordinaire étaient la proie de l'un et de l'autre, sortirent pour se dégourdir les pattes. Mais à la vue des rats, les deux adversaires arrêtèrent de se battre et se retournèrent contre eux.

Les grands se battent ; restons discrets sinon les coups seront pour nous.

Le loup et le cheval

Comme il traversait un champ, un loup trouva de l'orge. Mais pas moyen pour lui de la manger, aussi passa-t-il son chemin. Un peu plus loin, rencontrant un cheval, il lui dit : « Viens voir, j'ai trouvé de l'orge ; je ne l'ai pas mangée, je te l'ai gardée pour le plaisir d'entendre crisser tes dents. » Le cheval répondit : « Mon cher, si les loups mangeaient de l'orge, tu n'aurais pas préféré tes oreilles à ton ventre. »

En vain, le méchant proteste-t-il de sa bonté.

Le bouvier et le lion

Un bouvier qui paissait ses bêtes perdit un veau. Comme il avait battu la campagne en vain, il fit vœu à Zeus de lui sacrifier un chevreau s'il découvrait le voleur. Sur ces entrefaites, à l'orée d'un bois, il vit un lion en train de dévorer le veau. Pris de peur, il leva les mains au ciel et s'écria : « Ô Zeus souverain, tout à l'heure j'ai fait vœu de t'offrir un chevreau si je retrouvais le voleur ; à présent c'est un taureau que je t'immolerai si j'échappe aux griffes du voleur. »

Ainsi font ceux qui, dans les difficultés, cherchent une issue et qui, l'ayant trouvée, ne songent qu'à se dérober.

L'oisillon et la chauve-souris

Quand venait la nuit, un oisillon qu'on avait mis en cage se mettait à chanter. Une chauve-souris entendit sa voix. Elle vint lui demander pourquoi il se reposait le jour et chantait la nuit. « J'ai mes raisons, répondit-il : c'est en chantant de jour que j'ai été pris ; depuis lors, j'ai appris à être sage. » À quoi la chauve-souris répliqua : « La prudence à présent n'est plus pour toi de mise : que n'en as-tu usé avant de te faire prendre ! »

Le médecin inexpérimenté

Un médecin qui ne s'y connaissait guère suivait un malade. À l'encontre de ses confrères qui pronostiquaient une issue heureuse, quoique lointaine, à la maladie, il dit à son patient de prendre ses dispositions et le quitta sur ces mots : « Tu ne passeras pas demain. » Quelque temps plus tard, le malade se leva et sortit. Il était pâle et marchait avec peine. Le médecin le rencontra : « Bonjour, lui dit-il, comment vont ceux d'en bas ? – Ils sont tranquilles, répondit le malade, car ils ont bu l'eau du Léthé[1]. Mais, il y a peu, la Mort et Hadès faisaient de terribles menaces contre les médecins parce qu'ils ne laissent pas mourir les malades. Ils en ont dressé la liste. Ils voulaient aussi t'inscrire mais je me suis jeté à leurs pieds en les suppliant ; je leur ai juré que tu n'étais pas un vrai médecin et qu'il n'y avait pas lieu de t'accuser. »

Honnis soient les médecins ignorants et stupides dont tout l'art serésume à de belles paroles.

1. Léthé : fleuve des Enfers dont les eaux procuraient l'oubli (en grec *lèthè)* et l'insouciance à ceux qui en buvaient.

Le chien et le coquillage

Un chien qui avait coutume d'avaler des œufs vit un coquillage. Il ouvrit la gueule et, non sans efforts, l'avala. Alors, se sentant le ventre lourd et douloureux, il dit : « Cela m'apprendra à prendre tout ce qui est rond pour des œufs. »

Réfléchis avant d'agir, de peur de te piquer à d'étranges épines.

L'âne et le renard

Un âne broutait le feuillage d'un roncier. Le renard l'aperçut et lui dit en riant : « Comment langue si délicate et douce peut-elle mâcher et croquer nourriture si dure ? »

D'aucuns se servent de leur langue pour lancer propos durs et redoutables.

L'hyène et le renard

Les hyènes, dit-on, changent de sexe périodiquement : telle qui fut mâle devient femelle et vice versa. Or, comme une hyène lui reprochait de repousser ses avances, un renard lui répondit : « Ne t'en prends pas à moi mais à ta nature qui m'empêche de savoir si tu seras pour moi un amant ou une maîtresse. »

Avis à l'homme ambigu.

Le loup et le héron

Un loup qui avait avalé un os parcourait la campagne, cherchant qui le lui ôterait. Il rencontra un héron : « Je t'en prie, dit-il, enlève-moi cet os et je te récompenserai. » Le héron plongea la tête dans la gueule du loup et retira l'os. Après quoi il réclama la récompense promise. Mais le loup répondit : « Ne t'estimes-tu pas heureux d'avoir, du gosier d'un loup, retiré ta tête intacte que tu exiges en plus une récompense ? »

Répondre à un bienfait en s'abstenant de causer un nouveau tort : à cela se borne la reconnaissance du méchant.

La femme et ses servantes

Une veuve dure à la tâche avait coutume de réveiller ses jeunes servantes au chant du coq pour les mettre au travail. Épuisées par leurs efforts continuels, les servantes résolurent de tuer le coq : c'était lui, pensaient-elles, qui, en réveillant leur maîtresse avant le jour, causait tout leur malheur. Las ! le coq mort, leur sort s'aggrava encore : car la maîtresse, désormais privée de coq et donc d'horloge, les appelait plus tôt au travail.

Bien souvent nos malheurs sont le fruit de nos propres résolutions.

Les pêcheurs

Des pêcheurs tiraient une seine. Elle était lourde et ils dansaient de joie à l'idée d'avoir fait bonne pêche. Mais quand ils l'eurent amenée sur le rivage, ils y trouvèrent moins de poissons que de pierres. Et les voilà tout déconfits : non tant pour n'avoir rien pris que pour avoir d'abord cru à la chance. Alors un vieillard parmi eux prit la parole : « Ne nous laissons pas abattre mes amis : la peine est, paraît-il, sœur de la joie et il fallait de toute façon qu'après nous être ainsi réjouis d'avance nous éprouvions quelque chagrin. »

Considérons combien la vie est changeante : on ne saurait tout réussir avec le même bonheur car il n'est beau temps que ne suive la tempête.

Le charbonnier et le drapier

Un charbonnier s'avisa qu'un drapier s'était établi non loin de la maison où lui-même vivait et travaillait. Il alla le trouver et l'invita à venir habiter avec lui : à partager le même toit, ils deviendraient plus intimes et vivraient à moindres frais. Mais le drapier lui répondit : « C'est pour moi hors de question car ce que je blanchirai, toi tu le noirciras de suie. »

Impossible d'associer ce qui est par trop différent.

Les grenouilles dans l'étang

Le soleil d'été ayant asséché l'étang où elles demeuraient, deux grenouilles se mirent en quête d'une autre mare. À la vue d'un puits profond, l'une dit à l'autre : « Eh bien, descendons. » Mais l'autre répondit : « Si là aussi l'eau vient à manquer, comment remonterons-nous ? »

Prudence dans les affaires !

Hermès et Tirésias

Hermès voulut vérifier que Tirésias était un authentique devin. Il lui vola ses bœufs dans un champ et, sous les traits d'un mortel, se fit recevoir chez lui, à la ville. Averti de la disparition de son attelage, Tirésias prit Hermès avec lui et se rendit dans un faubourg de la ville : l'observation des oiseaux l'aiderait à tirer au clair cette affaire. Hermès, prié de lui faire connaître les oiseaux qu'il verrait, lui signala d'abord un aigle qui volait de la gauche vers la droite. « Celui-ci ne nous concerne pas », dit Tirésias. Après quoi Hermès lui montra une corneille qu'il avait aperçue perchée sur un arbre et qui tantôt levait les yeux, tantôt les baissait. Alors Tirésias : « Cet oiseau jure, par le ciel et la terre, qu'il dépend de toi que je récupère mes bœufs. »

Le lion, le loup et le renard

Le lion devenu vieux gisait malade en son antre. Tous les animaux, le renard excepté, étaient venus rendre visite à leur souverain. Le loup profita de l'occasion pour dénigrer l'absent : « Celui-là, dit-il en s'adressant au lion, n'a aucun respect pour notre maître à tous, c'est pourquoi il n'est pas venu te rendre visite. » Il parlait encore quand parut le renard qui entendit la fin de son discours. À la vue du goupil, le lion rugit. Mais le renard demanda qu'on le laissât se défendre. « Qui, dit-il, parmi les animaux réunis ici t'a rendu plus grand service que moi ? J'ai couru chez tous les médecins des environs à la recherche d'un remède capable de te guérir, et je l'ai trouvé. » Le lion aussitôt voulut savoir en quoi consistait le remède. « Il te faut, répondit le renard, écorcher un loup vivant et revêtir sa peau toute chaude. » Le loup fut bientôt étendu mort sur le sol et le renard dit en riant : « Il ne faut pas pousser le maître à la colère mais à la bienveillance. »

Tel est pris qui croyait prendre.

L'âne qu'on prenait pour un lion

Un âne ayant revêtu la peau d'un lion, tous le prenaient pour un fauve : hommes et bêtes le fuyaient. Mais un souffle de vent emporta la peau et voilà le baudet nu. Tous alors de se ruer sur lui et de lui donner du bâton.

À imiter les manières des riches, le pauvre s'expose à la moquerie et au danger. À chacun ce qui convient à sa propre condition.

Le loup repu et la brebis

Un loup repu vit une brebis qui gisait à terre. Devinant qu'elle s'était laissée tomber par crainte de lui, il s'approcha d'elle et la rassura en lui disant : « Tiens-moi trois propos véridiques et je te laisserai aller. – Voici les deux premiers, dit la brebis : j'aurais aimé ne pas te rencontrer ou, à défaut, te rencontrer aveugle. Quant au troisième, écoute bien : puisse la male mort vous emporter, vous les loups scélérats qui vous attaquez sans pitié à d'inoffensives brebis. »

Et le loup, reconnaissant qu'elle n'avait pas menti, la laissa aller.

Telle est la force de la vérité, même auprès de nos ennemis.

Le cheval et le soldat

Tant qu'avait duré la guerre, un soldat avait nourri d'orge son cheval qui lui était d'un précieux secours. La paix revenue et l'animal n'étant plus bon qu'à porter, tel un esclave, de lourds fardeaux, la paille remplaça l'orge. De nouveau, il y eut rumeurs de guerre. On entendit sonner les trompettes. Le maître s'arma lui-même, brida son cheval et l'enfourcha. Mais le cheval sans force tombait à chaque pas. « Va rejoindre, dit-il à son maître, les rangs des fantassins : comment veux-tu trouver un cheval en celui dont tu as fait un âne ? »

Le temps venu de la sécurité et du repos, n'oublie pas celui des malheurs.

Le roseau et l'olivier

Constance, force et impassibilité : le roseau et l'olivier s'en targuaient tour à tour. Mais comme l'olivier lui reprochait de plier sous tous les vents, le roseau garda le silence et ne répondit mot. À quelque temps de là, un vent violent se mit à souffler. La tourmente eut beau le secouer, le faire plier, le roseau s'en tira. Mais l'olivier, à force de tenir tête aux vents, fut brisé par leur violence.

Mieux vaut céder aux circonstances et aux plus forts que rivaliser avec de plus puissants.

Le chameau, l'éléphant et le singe

Un jour, les animaux décidèrent de se choisir un roi. Le chameau et l'éléphant étaient tous deux candidats et chacun pensait l'emporter, l'un grâce à sa haute taille, l'autre grâce à sa force. Mais le singe les déclara tous deux inaptes à régner : « Le chameau ne sait pas se mettre en colère contre les malfaiteurs ; quant à l'éléphant, il a peur du cochon, dont nous avons à craindre les attaques. »

Il suffit souvent de bien peu pour empêcher de grandes entreprises.

Les biens et les maux

Les biens, victimes de leur faiblesse, furent chassés par les maux. Ils montèrent au ciel.

– Comment, demandèrent-ils à Zeus, faut-il se comporter avec les hommes ?

– Allez à eux séparément, chacun à votre tour.

Voilà pourquoi les maux, demeurant près des hommes, les harcèlent sans cesse, quand les biens, eux, tardent à descendre du ciel.

Statue à vendre

Un homme avait fabriqué un Hermès en bois. Il alla pour le vendre au marché. Ne trouvant pas preneur, il se mit, pour attirer le chaland, à vanter à grands cris sa marchandise : c'était, disait-il, un dieu bienfaisant et riche en faveurs. Quelqu'un vint à passer, qui lui dit : « D'où vient que tu vendes celui-là même dont les faveurs te seraient si utiles ? » Le vendeur répondit : « C'est que moi j'ai besoin d'un secours sans délai et que lui, d'ordinaire, tarde à prodiguer ses bienfaits. »

Le mur et la cheville

Un mur percé brutalement par une cheville s'écria : « Pourquoi me perces-tu, je ne t'ai rien fait ! – Ce n'est pas moi, dit la cheville, c'est celui qui me frappe violemment par-derrière. »

L'aigle et le renard

Devenus amis, un aigle et un renard décidèrent de vivre l'un près de l'autre : ce commerce rapproché renforcerait, pensaient-ils, leur amitié. Au sommet d'un arbre élevé, l'aigle établit sa nichée ; tout en bas, à l'abri d'un buisson, le renard déposa ses petits. Or, un jour que le renard était parti chasser, l'aigle à court de provisions fondit sur le buisson, enleva les renardeaux et s'en reput avec ses jeunes. Le renard de retour, considérant ce qui s'était passé, s'affligea moins de la mort de ses petits que de la difficulté de se venger : ses pattes ne lui permettaient guère de prendre en chasse un volatile. Dans son impuissance, il en fut réduit à maudire de loin son ennemi : ainsi font les faibles. Cependant l'aigle fut bientôt puni pour son manquement impie à l'amitié. Comme on sacrifiait une chèvre dans un pré, il s'empara sur l'autel d'un viscère enflammé et le porta jusqu'à son nid. Un vent violent propagea le feu à partir d'une brindille sèche. Ses petits, encore incapables de voler, tombèrent à terre tout rôtis. Le renard accourut et, sous les yeux de l'aigle, les dévora.

L'ami trahi est-il trop faible pour te châtier, tu n'échapperas pas pour autant à la vengeance divine.

Zeus et Apollon

Zeus et Apollon disputaient de leurs talents d'archer. Ayant bandé son arc, Apollon décocha sa flèche. Zeus, alors, d'une seule enjambée rejoignit l'endroit où elle était tombée.

Honte au présomptueux.

L'homme et le lion

Un homme et un lion qui cheminaient de conserve faisaient tous deux assaut de vantardise. Et voici qu'ils tombèrent sur une stèle ornée d'un homme étranglant un lion. La montrant à son compagnon, l'homme lui dit : « Tu vois comme nous sommes plus forts que vous. » Mais l'animal, cachant mal son sourire, répliqua : « Si les lions savaient sculpter, tu verrais nombre d'hommes terrassés par un lion. »

Tels se vantent – et ils sont nombreux – d'être forts et hardis, que l'expérience démasque et confond.

La vipère et l'hydre

Une vipère venait régulièrement boire à une source. Mais une hydre y avait élu domicile et entendait l'en empêcher : « C'est là mon domaine, pestait-elle, la vipère n'a qu'à se contenter du sien. » Le conflit prit un tour tel qu'elles décidèrent de se livrer bataille. Quand fut arrêté le jour du combat, les grenouilles, qui détestaient l'hydre, vinrent trouver la vipère pour l'encourager et lui promirent de combattre à ses côtés. Le combat s'engagea. Tandis que la vipère affrontait l'hydre, les grenouilles, incapables de rien faire d'autre, coassaient à qui mieux mieux. Sortie victorieuse du combat, la vipère leur reprocha leur conduite : « Vous m'aviez promis de combattre avec moi mais, loin de m'aider, vous avez chanté !
– Sache, lui répondirent-elles, que c'est avec la voix et non avec les bras que, nous autres grenouilles, nous aidons nos alliés. »

Quand on a besoin de bras, les paroles ne sont d'aucun secours.

Zeus et la pudeur

Quand il eut façonné l'homme, Zeus mit en lui diverses dispositions mais il oublia d'y mettre la pudeur. Aussi, ne sachant par où l'introduire, il lui ordonna d'entrer par le derrière. La pudeur indignée commença par se récrier. Puis comme Zeus insistait : « Eh bien d'accord, j'entre, mais à condition qu'Éros, lui, n'y entre pas, faute de quoi je ressortirai aussitôt. »

C'est depuis lors que tous les débauchés sont sans pudeur.

Le lièvre et le renard

Le lièvre demanda au renard : « Qu'as-tu au juste dans ton sac, de l'or ou plus d'un tour ? Car ton nom dit aussi bien le profit que la ruse[1]. – Si tu veux savoir, dit le renard, viens chez moi, je t'invite à ma table. » Le lièvre accompagna le renard jusqu'à sa tanière : là, rien d'autre à dîner que le lièvre lui-même. Celui-ci déclara : « Instruit par mon malheur même, je sais maintenant d'où vient ton nom : de ta ruse et non de tes profits. »

Curiosité mal placée est source de grands malheurs.

La mouette et le milan

Une mouette s'était fait éclater le gosier en avalant un poisson et gisait, morte, sur le rivage. La voyant, un milan déclara : « Tu as bien mérité ton sort toi qui, née pour les airs, avais fait de la mer ton domaine. »

Malheur à qui adopte des mœurs qui lui sont étrangères.

1. Le renard est parfois appelé en grec *kerdô*, nom dérivé de *kerdos* « gain, profit ; ruse ».

La lionne et le renard

Au renard qui lui reprochait de ne jamais mettre au monde qu'un seul petit, une lionne répliqua : « Un seul, mais un lion ! »

C'est à l'aune de la vertu, non de la quantité, qu'il faut mesurer le bien.

Le voyageur et la vérité

Dans un endroit désert, un voyageur rencontra une femme qui se tenait là, seule et la mine sombre. « Qui es-tu ? » demanda-t-il. Et elle : « La vérité. – Et pourquoi as-tu abandonné la cité des hommes pour vivre dans ces solitudes ? – C'est qu'autrefois on ne trouvait le mensonge que chez quelques-uns ; aujourd'hui il est partout, dans toutes les oreilles et toutes les bouches. »

L'âne et les cigales

Un âne entendit des cigales chanter et se prit à envier la douceur de leur chant : « Que mangez-vous, demanda-t-il, qui vous donne si belle voix ? – De la rosée », répondirent-elles. L'âne attendit la rosée et mourut de faim.

À désirer ce qui va contre sa nature, on ne gagne rien, sinon de grands malheurs.

Le serpent et le crabe

Un serpent et un crabe vivaient ensemble. Mais autant le crabe se montrait bon et bienveillant, autant le serpent usait de cautèle et de fausseté. Le crabe avait beau exhorter le serpent à se bien conduire et à imiter sa propre façon de vivre, le reptile ne voulait rien entendre.

À la fin, excédé, le crabe guetta le moment où le serpent s'endormait et, l'ayant saisi à la gorge, le tua. Le voyant mort, il déclara : « Ami, que n'as-tu été, quand je t'y encourageais, aussi droit que la mort t'a rendu : tu serais encore en vie ! »

L'oiseleur et l'alouette huppée

Un oiseleur tendait ses filets pour attraper des oiseaux. Une alouette huppée l'aperçut de loin et lui demanda ce qu'il faisait. « Je fonde une ville », répondit-il. Après quoi il s'éloigna et se cacha. Mise en confiance, l'alouette s'approcha et fut prise au piège. À l'oiseleur qui accourait, elle déclara : « Eh bien, mon cher, si c'est ainsi que tu fondes ta ville, tu peux compter en trouver beaucoup qui voudront l'habiter ! »

La chienne et son morceau de viande

Un morceau de viande dans la gueule, une chienne traversait une rivière. À la vue de son reflet, elle crut avoir affaire à une autre chienne avec un morceau de viande plus gros. Alors, lâchant son propre morceau, elle s'élança pour saisir l'autre. Résultat : elle n'eut ni l'un, ni l'autre, le premier ayant été emporté par le courant, le second demeurant hors d'atteinte puisqu'il n'existait pas.

Avis à l'homme cupide.

Le lion et le dauphin

Un lion qui musardait sur une plage croisa le regard d'un dauphin. Aussitôt, il l'invita à s'allier avec lui. « Nous ferons, toi et moi, les meilleurs alliés du monde puisque nous régnons, toi sur les animaux marins, et moi sur les terrestres. » Le dauphin approuva avec joie. Or le lion était de longue date en guerre avec un taureau farouche. Il demanda l'aide du dauphin. Mais celui-ci eut beau essayer de sortir de l'eau, il en fut incapable, et le lion l'accusa de trahison. Le dauphin répondit : « Ne m'accuse pas moi mais ma nature qui me destine à l'eau et ne me permet pas d'aller sur la terre ferme. »

Choisissons-nous des alliés qui puissent nous être de quelque secours au jour du danger.

Le loup et le chien

Voyant un chien énorme retenu par un collier, le loup lui demanda : « Qui t'a attaché et nourri de la sorte ? – Un chasseur, dit le chien. Plût au ciel qu'un tel sort, mon ami, te soit épargné : le poids de ce collier vaut disette. »

On ne saurait se régaler dans le malheur.

La colombe et la corneille

Une colombe qui vivait dans un colombier s'enorgueillissait de sa nombreuse progéniture. Une corneille l'entendit et lui dit : « Cesse de te vanter : plus tu auras de petits, plus tu auras d'esclavages à déplorer. »

Les deux sacs

Quand il eut façonné les hommes, Prométhée leur fit porter deux sacs remplis l'un des défauts d'autrui, l'autre de leurs propres défauts. Les hommes portent le premier par-devant, l'autre par-derrière. Voilà pourquoi on est si prompt à voir les défauts d'autrui alors qu'on n'aperçoit pas les siens.

Le singe et les pêcheurs

Du haut de l'arbre où il était perché, un singe aperçut des pêcheurs qui jetaient leurs filets dans une rivière. Il se mit à observer attentivement leurs faits et gestes. Or les pêcheurs déposèrent leurs filets et s'éloignèrent pour manger. Le singe descendit alors de son arbre et s'employa à faire comme eux – on dit le singe doué pour l'imitation. Mais quand il eut pris les filets, il s'y emmêla si bien qu'il se vit près de se noyer. Et il se fit cette réflexion : « Ce n'est que justice : qu'ai-je voulu pêcher sans avoir appris à le faire ? »

Les voyageurs et la hache

Deux voyageurs suivaient la même route. L'un d'eux ayant trouvé une hache, l'autre dit : « Nous avons fait une trouvaille. – Ne dis pas « nous avons », dis « tu as » fait une trouvaille », corrigea le premier. Peu après, survinrent ceux qui avaient perdu la hache. Celui qui la portait, se voyant poursuivi, dit à son compagnon : « Nous sommes perdus. – Ne dis pas « nous sommes » mais « je suis » perdu, répliqua l'autre, car quand tu as trouvé la hache, tu ne m'as pas associé à ta trouvaille. »

S'ils n'ont pas de part à nos succès, nos amis nous lâcheront quand nous serons dans le malheur.

Le choucas et les oiseaux

Zeus l'avait décidé : il y aurait un roi des oiseaux. Au jour dit, tous comparaîtraient devant lui et, du plus beau, il ferait un roi. Les oiseaux se rendirent alors à la rivière pour s'y laver. Le choucas, quant à lui, se voyant paré de sa seule laideur, recueillit les plumes tombées des oiseaux et s'en couvrit le corps en les fixant solidement. De la sorte, c'était lui qui, de tous, avait la plus belle allure. Quand vint le jour fixé, tous les oiseaux se rendirent chez Zeus. Le choucas vint lui aussi, tout en plumes bigarrées. Déjà la main de Zeus s'apprêtait à le désigner comme roi – si belle était sa prestance – quand les oiseaux, indignés, lui arrachèrent chacun la plume qui était sienne. Perdant ainsi ses atours, le choucas retrouva sa nature.

Riche de l'argent d'autrui, l'emprunteur paraît quelqu'un : le rend-il, il redevient ce qu'il était.

La femme et la poule

Une veuve avait une poule qui lui pondait tous les jours un œuf. « Avec un peu plus d'orge à manger, elle m'en ferait deux », se dit-elle. Mais elle fit si bien que la poule empâtée ne pouvait même plus pondre une fois par jour.

À vouloir toujours plus, tu perds même ce que tu as déjà.

La magicienne

Une magicienne fabriquait des charmes capables, disait-elle, d'apaiser la colère des dieux. Elle ne chômait guère et s'assurait ainsi de confortables revenus. Mais on l'accusa de pratiquer des rites nouveaux : elle fut traduite en justice et condamnée à mort. La voyant menée sous bonne escorte, à la sortie du tribunal, un badaud lui lança : « Comment ? Toi qui te targuais de détourner la colère des dieux, tu n'as même pas été capable de persuader des hommes ? »

Honte à toi, bonimenteuse, qui promets monts et merveilles et achoppes sur une difficulté bien ordinaire.

L'oiseleur et la perdrix

Il était une fois un oiseleur qui reçut la visite d'un hôte à une heure un peu avancée. N'ayant rien à offrir à son visiteur, il se dirigea vers la perdrix qu'il élevait et il s'apprêtait à l'immoler lorsque celle-ci lui dit : « Honte à ton ingratitude ! N'est-ce pas moi qui fais venir à toi et te livre mes congénères ? Et tu voudrais me tuer !
– Raison de plus pour t'immoler, répondit-il, puisque tu n'épargnes même pas tes semblables. »

À trahir les siens on encourt la haine et de ceux qu'on trahit et de ceux pour qui on trahit.

La poule et l'hirondelle

Une poule qui avait trouvé des œufs de serpent les couva soigneusement jusqu'à les faire éclore. Une hirondelle qui l'avait vue faire lui dit : « Tu es folle ! Pourquoi élever des créatures qui, une fois grandes, feront de toi leur première victime ? »

Tant il est vrai que les plus grands bienfaits ne sauraient venir à bout de la méchanceté.

Le chasseur peureux et le bûcheron

Un chasseur cherchait la piste d'un lion. « Aurais-tu vu ses traces et sais-tu où il gîte ? », demanda-t-il à un bûcheron. « Je vais te faire voir l'animal », répondit le bûcheron. Blême d'effroi et claquant des dents, le chasseur s'écria : « Ce n'est pas le lion, c'est sa piste que je cherche. »

Les voici, les hardis poltrons : leurs propos, non leurs actes, sont pleins d'audace.

Le cochon et les moutons

Un cochon s'était introduit dans un troupeau de moutons et broutait avec eux. Un jour le berger s'empara de lui. Comme il criait et résistait, les moutons lui reprochèrent ses cris : « Est-ce que nous bêlons, nous, quand il met la main sur nous ? » Le cochon répliqua : « Nuance ! Quand il vous court après, c'est pour votre laine ou pour votre lait, moi c'est pour ma chair ! »

À bon droit tu gémis quand c'est la vie, non tes seuls biens, que l'on veut t'enlever.

L'aigle et le scarabée

Un lièvre était poursuivi par une aigle. Dans sa détresse, il en fut réduit à demander de l'aide au seul animal qui s'offrît à ses yeux : un scarabée. Celui-ci rassura le lièvre et dit à l'aigle qui s'approchait : « Je t'en prie, épargne mon suppliant. » Mais l'aigle, qui n'avait que mépris pour la petite taille du scarabée, dévora le lièvre sous ses yeux. Dès lors, plein de rancune, le scarabée n'avait de cesse d'épier l'aigle. Quand celle-ci pondait, il montait jusqu'à son nid d'où il faisait rouler les œufs pour les casser. Ne sachant plus où se poser, l'aigle se réfugia auprès de Zeus, son protecteur attitré, et lui demanda un lieu sûr pour y établir sa nichée. Zeus lui permit de pondre dans le pli de son vêtement. Mais cela n'avait pas échappé au scarabée : il fit une boulette de crotte et prit son vol. Parvenu au-dessus du giron de Zeus, il laissa tomber la boulette. Et voici qu'en se levant pour se débarrasser de la crotte, Zeus, oubliant les œufs, les fit tomber à terre. C'est depuis lors, dit-on, que les aigles ne nichent plus à la saison des scarabées.

Il n'est faible qui, outragé, n'ait un jour la force de se venger : avis à qui le regarde de haut.

Le chameau qui dansait

Le chameau disait à son maître qui l'obligeait à danser : « J'ai déjà l'air godiche quand je marche, alors quand je danse... »

S'applique à tout ce qui se fait de travers.

Les coqs et la perdrix

Un éleveur de coqs vit au marché une perdrix apprivoisée. Il l'acheta et l'emporta chez lui pour l'élever avec ses coqs. Mais ceux-ci la chassaient à coups de bec et la perdrix, dépitée, pensait qu'on la méprisait pour être née d'une race étrangère. Peu après, voyant les deux coqs se battre jusqu'au sang, elle se dit : « Eh bien, je n'ai plus à m'affliger d'être frappée par ces deux-là puisqu'ils ne s'épargnent même pas entre eux. »

L'homme sensé supporte facilement les outrages de ses voisins quand il voit que ceux-ci n'épargnent pas même leurs proches.

Les pêcheurs et le thon

Des pêcheurs étaient sortis en mer et, malgré de longs et pénibles efforts, ils n'avaient rien pris. Ils étaient assis, découragés, dans leur barque, quand un thon pris en chasse sauta par mégarde dans leur esquif. Ils le capturèrent, l'emportèrent à la ville et le vendirent.

Ainsi, souvent, reçois-tu du hasard ce que ton art t'a refusé.

Le renard et le chien

Un renard se glissa dans un troupeau de moutons. Il s'empara d'un agneau encore à la mamelle et fit mine de le dorloter. Un chien lui demanda : « Que fais-tu là ? – Je lui fais de tendres câlins », dit le renard. « Si tu ne le lâches pas tout de suite, fit le chien, c'est moi qui vais t'attendrir la peau. »

Le naufragé

Un riche Athénien naviguait avec d'autres passagers. Survient une forte tempête : le bateau chavire. Tandis que tous ses compagnons luttaient à la nage contre les flots, l'Athénien ne cessait d'invoquer Athéna, lui promettant offrande sur offrande s'il s'en sortait vivant. Un des naufragés, qui nageait à ses côtés, lui dit : « Remue Athéna, mais aussi tes bras. »

Nous voulons du secours : quand nous le demandons aux dieux, songeons aussi à agir par nous-mêmes.

La vipère et la lime

Une vipère s'introduisit dans l'atelier d'un forgeron et demanda aux outils de lui accorder une faveur. Elle l'obtint. Restait la lime, qui répondit ainsi à sa prière : « Tu es bien naïve de penser obtenir quelque chose de moi : j'ai pour habitude non de donner mais de prendre. »

Bien fou qui prétend soutirer quelque chose aux avares !

Le chien et le renard

Un chien de chasse vit un lion et se lança à sa poursuite. Mais le lion se retourna et se mit à rugir. Effrayé, le chien fit demi-tour et prit la fuite. Un renard l'aperçut et lui dit : « Pauvre bougre ! Tu poursuivais un lion et tu n'as même pas supporté son rugissement ? »

Tel présomptueux se mêle de calomnier plus fort que lui : lui résiste-t-on, le voilà tout tremblant.

Le moustique et le lion

Le moustique vint dire au lion : « Je n'ai pas peur de toi, tu n'es pas plus fort que moi. D'ailleurs es-tu vraiment si fort ? Tu griffes avec tes ongles et mords avec tes dents ; mais une femme en fait autant quand elle se bat avec son mari. Moi, je suis beaucoup plus fort que toi. Battons-nous, si tu veux. » Et, sonnant de la trompe, le moustique se mit à piquer le lion au mufle, là où le fauve n'a pas de poil. Le lion se lacéra lui-même tant et si bien qu'il finit par rendre les armes. Le moustique sonna la victoire et s'envola. Mais il se prit dans la toile d'une araignée et, comme celle-ci le mangeait, il se lamentait : « Moi qui ai fait la guerre aux plus grands, comment puis-je périr entre les pattes d'une vulgaire araignée ? »

Le loup et la vieille femme

Un loup affamé rôdait, en quête de nourriture, quand il entendit une vieille femme dire à un enfant qui pleurait : « Arrête de pleurer, sinon je vais te donner au loup. » Le loup crut que la vieille femme parlait sérieusement ; il s'arrêta et se mit à attendre. Bien plus tard, quand vint le soir, il entendit de nouveau la vieille. Elle câlinait l'enfant et lui disait : « Si le loup vient, mon chéri, nous le tuerons. » À ces mots, le loup se remit en route en disant : « Dans cette chaumière, ils disent une chose et en font une autre. » Bien des hommes font de même.

Le voyageur et Hermès

Un homme qui s'était mis en route pour un long voyage fit vœu, s'il trouvait quelque chose, d'en offrir la moitié à Hermès. Il tomba sur un sac plein d'amandes et de dattes et, croyant qu'il contenait de l'argent, le ramassa. L'ayant secoué, il en découvrit le contenu, qu'il mangea entièrement. Après quoi, récupérant les coquilles et les noyaux, il les plaça sur un autel et déclara : « Agrée, ô Hermès, mon offrande ; j'ai bel et bien prélevé pour toi une part de ma trouvaille : moitié prise au-dehors et moitié au-dedans. »

Il est des avares que leur cupidité pousse à tromper les dieux eux-mêmes.

Le renard au ventre gonflé

Un renard qui avait grand-faim vit dans le creux d'un chêne du pain et de la viande laissés là par des bergers. Il s'y glissa et mangea le tout. Mais son ventre gonfla et, ne pouvant plus sortir, il gémissait et se lamentait. Un autre renard qui passait par là l'entendit se plaindre et lui en demanda la raison. Quand il sut ce qui s'était passé, il lui dit : « Patience ! une fois redevenu tel que tu étais en entrant, tu sortiras facilement. »

Le temps vient à bout des difficultés.

Les grenouilles voisines

Deux grenouilles étaient voisines. L'une habitait un étang profond, à l'écart de la route où l'autre demeurait, dans un petit trou d'eau. « Un conseil, dit la grenouille de l'étang à sa congénère, viens habiter chez moi : tu y mèneras une vie plus agréable, à l'abri du danger. » Mais l'autre ne se laissa pas persuader : « J'aurais du mal, disait-elle, à m'arracher à mes habitudes. » Ce fut ainsi qu'un jour elle périt écrasée sous les roues d'un chariot.

Tels sont ceux qui, préoccupés par des vétilles, meurent avant d'avoir rien fait d'important.

Les bûcherons et le pin

Des bûcherons fendaient un pin : tâche aisée pour eux car ils disposaient de coins faits du même bois. « J'en veux moins à la hache, disait le pin, qu'aux coins faits de mon bois. »

Nos malheurs nous semblent d'autant plus cruels qu'ils nous sont infligés par des proches.

Le sapin et la ronce

Un sapin et une ronce disputaient ensemble. Le sapin se glorifiait : « Je suis beau, imposant et élevé, je sers à faire les toits des temples et les bateaux : comment peux-tu te comparer à moi ? » Mais la ronce répondit : « Si tu te souvenais des haches et des scies qui te coupent, tu préférerais mon sort au tien. »

Vie simple, vie sûre.

Le cerf et le lion

Un cerf pressé par la soif arriva près d'une source. Tout en buvant, il aperçut son reflet dans l'eau. Autant la vue de ses hautes cornes entremêlant leurs rameaux le remplissait de fierté, autant celle de ses jambes grêles et fragiles le mortifiait. Surgit un lion qui suspendit le cours de ses pensées. La poursuite commença. Avantage pour le cerf qui distança largement le lion. Car la force des cerfs est dans leurs jambes, celle des lions dans leur cœur. Tant qu'on fut en rase campagne, le cerf conserva une avance salutaire. Mais, arrivé dans un bois, il se prit les cornes dans les branches : arrêté dans sa course, il ne put échapper au lion. Au moment de mourir, il se dit à lui-même : « Pauvre de moi ! je m'attendais à être trahi par mes jambes, et c'étaient elles qui me sauvaient ; je faisais confiance à mes cornes : elles m'ont perdu. »

Ainsi, souvent, quand le danger nous menace, l'ami que nous suspections nous sauve, celui sur qui nous comptions nous trahit.

La biche et la vigne

Une biche qu'on avait prise en chasse se cacha dans une vigne. Voyant les chasseurs poursuivre leur chemin, elle crut leur avoir définitivement échappé et se mit à brouter la treille. Au bruit des feuilles, les chasseurs se retournèrent. Ils comprirent que la bête était cachée derrière et la tuèrent de leurs lances. « J'ai ce que j'ai mérité, dit la biche en mourant : je n'aurais pas dû faire de mal à qui m'avait sauvée. »

Le dieu punit ainsi qui fait du tort à son bienfaiteur.

L'âne, le corbeau et le loup

Un âne qui souffrait d'un ulcère à l'échine paissait dans un pré. Un corbeau vint se poser sur lui et piqua son ulcère à coups de bec. L'âne, en proie à la douleur, se mit à braire et à sauter. Cela fit rire son maître. Un loup qui passait par là maugréa : « À peine nous voit-on, nous, pauvres hères, qu'on nous prend en chasse ; et c'est à des êtres comme ce corbeau qu'on fait risette quand ils s'approchent. »

La guêpe et le serpent

Une guêpe s'était posée sur la tête d'un serpent et, le frappant de son dard à coups redoublés, elle ne cessait de le tourmenter. Le serpent, qui se tordait de douleur sans pouvoir se défendre, mit la tête sous la roue d'un chariot et mourut ainsi en même temps que la guêpe.

Que je meure, pourvu que mon ennemi meure aussi.

Le taureau et les chèvres sauvages

Poursuivi par un lion, un taureau se réfugia dans une grotte où se trouvaient des chèvres sauvages. Celles-ci se mirent à le frapper à coups de cornes. « Si j'endure vos coups, leur dit le taureau, c'est parce que j'ai peur, non pas de vous, mais de celui qui se trouve à l'entrée de la grotte. »

La crainte d'un grand mal nous aide à en supporter un moindre.

Le paon et la grue

Un paon se moquait d'une grue ; il raillait sa couleur : « Moi, je suis vêtu d'or et de pourpre, toi, tu portes un plumage sans beauté. – Seulement moi, répondit la grue, je chante parmi les étoiles et mon vol me porte dans les hauteurs ; toi, pareil à un coq, tu marches en bas avec la volaille. »

Plutôt la gloire en haillons que le déshonneur dans le faste.

La fourmi et la colombe

Une fourmi assoiffée était descendue à une source. Mais le courant l'emporta et elle allait se noyer quand une colombe l'aperçut. L'oiseau arracha une brindille à un arbre et la jeta dans la source : la fourmi y grimpa et fut sauvée. Peu après, survint un oiseleur : il disposait ses gluaux pour attraper la colombe. La fourmi, le voyant faire, le mordit au pied. Saisi de douleur, l'oiseleur laissa tomber ses gluaux et fit aussitôt s'envoler la colombe.

Imitons la fourmi, sachons rendre un bienfait.

La brebis tondue

Une brebis dit au maladroit qui la tondait : « Si c'est ma laine que tu veux, coupe moins ras ; si c'est ma chair, tue-moi une fois pour toutes au lieu de me torturer à petits coups de ciseau. »

Avis au mauvais artisan.

Le rat des champs et le rat des villes

Un rat des champs invita un rat des villes à dîner. Il lui servit des produits de la campagne : figues, raisins et autres châtaignes. Voyant la pauvreté de son hôte, le rat des villes l'invita à venir dès le lendemain vivre avec lui. L'ayant introduit dans le cellier d'un homme riche, il lui offrit de se régaler de viandes de toute sorte, de poissons et même de pâtisseries. Sur ces entrefaites, l'intendante parut. Aussitôt, affolés, les deux rats de prendre la fuite. Et le rat des champs dit au rat des villes : « Toi, c'est au prix de telles frayeurs que tu jouis de ta nourriture ; moi, j'ai plaisir à prendre la mienne le cœur libre et sans crainte. »

Les enfants du paysan

La discorde régnait parmi les enfants d'un paysan. En vain celui-ci les exhortait-il à changer de sentiments : ses paroles restaient sans effet. C'est pourquoi il décida de leur donner une leçon en acte : « Apportez-moi, leur dit-il, un fagot de sarments. » Les enfants s'exécutèrent. Le paysan lia les sarments en un bloc compact et leur demanda de les casser. En dépit de tous leurs efforts, ils n'y parvinrent pas. Alors, il délia le fagot et leur donna les sarments un à un. Les enfants les cassèrent facilement. « Eh bien, mes enfants, même chose pour vous : si vous restez unis, vous n'aurez rien à craindre de vos ennemis, alors que la discorde vous livrera entre leurs mains. »

La femme et son mari

Une femme avait pour mari un ivrogne. Voici ce qu'elle imagina pour lui ôter son vice. Elle attendit qu'engourdi par l'ivresse il fût devenu aussi insensible qu'un mort. Le chargeant alors sur ses épaules, elle l'emporta au cimetière, l'y déposa et se retira. Quand elle estima qu'il devait être dégrisé, elle revint et frappa à la porte du cimetière. À son mari qui demandait : « Qui est là ? », elle répondit : « Je suis celui qui apporte leur nourriture aux morts. » Alors le mari : « Ne me donne pas à manger, mon brave, donne-moi plutôt à boire. Tu me fais de la peine en parlant de nourriture et non de boisson. » À ces mots, sa femme s'écria en se frappant la poitrine : « Hélas, malheur à moi ! Mon stratagème n'a servi à rien et, bien loin de te corriger, tu en es arrivé au point où le vice t'est devenu une seconde nature. »

Hâte-toi de couper court au vice avant de devenir esclave de tes habitudes.

Hermès et les artisans

Zeus avait enjoint à Hermès de verser à tous les artisans le poison du mensonge. Hermès broya la mixture et en versa à tous une part égale. Il en restait encore beaucoup quand vint le tour du cordonnier à qui échut le fond du pot. C'est pourquoi, de tous les artisans, les plus menteurs sont les cordonniers.

Le chien et le lièvre

Un chien avait attrapé un lièvre et tantôt il le mordait, tantôt il lui léchait les babines. Mais le lièvre y mit le holà : « Décide-toi. Soit les câlins, soit la canine, que je sache à qui j'ai affaire, ami ou ennemi. »

S'applique à l'individu au comportement ambigu.

Le lion, Prométhée et l'éléphant

Souvent, le lion se plaignait à Prométhée : « Tu m'as fait grand et beau ; tu m'as armé la mâchoire de dents et tu m'as pourvu de griffes ; tu as fait de moi le plus fort de tous les animaux. Et malgré cela, j'ai peur du coq. » Prométhée répondait : « Que signifient ces vains reproches ? Tu as tout ce qu'il était en mon pouvoir de t'accorder. Et, le coq excepté, rien n'ébranle ton courage. » Mais le lion pleurait sur son sort et s'accusait de lâcheté. Il finit par souhaiter la mort. Il en était là de ses pensées quand il rencontra l'éléphant. Il le salua et, s'étant arrêté pour lui parler, il remarqua le mouvement qui agitait continuellement ses oreilles. « Qu'as-tu ? lui demanda-t-il. Tes oreilles ne peuvent-elles rester un instant sans bouger ? » Et, comme un moustique voletait justement autour de lui, l'éléphant répondit : « Vois-tu cet être minuscule qui bourdonne ? S'il m'entre dans l'oreille, je suis mort. » Alors le lion : « Qu'ai-je encore besoin de mourir, moi qui, pour mon bonheur, l'emporte autant en force sur l'éléphant que le coq sur le moustique ! »

Le moustique est assez fort pour faire trembler l'éléphant.

L'oiseleur et la cigogne

Un oiseleur avait tendu ses filets pour attraper des grues et s'était éloigné en attendant ses proies. Or, une cigogne s'étant posée parmi les grues, il accourut et la prit avec celles-ci. Comme la cigogne le priait de la relâcher, alléguant que non seulement elle ne nuisait pas aux hommes mais qu'elle leur était même très utile puisqu'elle mangeait les serpents et autres reptiles, l'oiseleur répondit : « Quand bien même tu serais sans reproche, tu n'en mérites pas moins un châtiment pour t'être posée parmi les méchants. »

Fuyons donc la société des méchants pour ne pas donner l'impression que nous nous associons à leurs méfaits.

La truie et la chienne

Une truie et une chienne disputaient de leurs portées. À en croire la chienne, c'était elle qui, de tous les quadrupèdes, était la plus prompte à mettre bas. « Oui, répondit la truie, mais reconnais que ce sont des aveugles que tu mets au monde. »

Plutôt bien que vite fait.

Le lion enragé et le cerf

Un lion attrapa la rage. Un cerf l'ayant vu au sortir de la forêt s'écria : « Malheur à nous ! Lucide, il nous était déjà insupportable, que nous réserve sa fureur ? »

Les maîtres du pouvoir sont-ils des hommes emportés et familiers de l'injustice ? Fuyons-les.

Le cavalier chauve

Certain cavalier chauve, et qui portait perruque, chevauchait dans le vent. Une bourrasque emporta le postiche, à la grande joie de ses compagnons. Alors le cavalier, retenant sa monture, leur tint ces propos : « Quoi d'étonnant si ces cheveux qui ne sont pas à moi me quittent, eux qui ont abandonné la tête sur laquelle ils poussaient. »

Survient-il un malheur ? Ne t'en afflige pas. Ce que nous ne tenons pas de la nature n'est pas nôtre pour longtemps. Nus nous sommes venus, nus nous repartirons.

L'avare

Un avare réalisa tout son bien et en fit un lingot d'or qu'il enterra dans son jardin : il y enfouit du même coup son âme et toutes ses pensées. Et dès lors, chaque jour, il venait inspecter son trésor. Un de ses ouvriers, ayant remarqué son manège, comprit de quoi il s'agissait ; il déterra le lingot et l'emporta. Peu après, l'avare se rendit sur les lieux. À la vue du trou vide, il se répandit en lamentations et s'arracha les cheveux. Le voyant dans cet état, un passant l'interrogea et, comprenant ce qui affligeait l'avare, il lui dit : « Pourquoi te désoler ainsi ? Tu avais de l'or sans en avoir. Tu n'as qu'à mettre une pierre à la place du lingot et t'imaginer que c'est de l'or. Car, à ce que je vois, même du temps où l'or était là, tu n'en faisais pas usage. »

Celui-là n'a rien, qui possède sans jouir.

Le forgeron et le petit chien

Il était une fois un forgeron qui avait un chien. Quand son maître forgeait, l'animal dormait ; mais le forgeron mangeait-il, aussitôt la bête était à ses côtés. Un jour, tout en lui jetant un os, le forgeron lui dit : « Animal de malheur, sac à sommeil ! quand je frappe l'enclume tu dors, mais que mes dents s'agitent, aussitôt tu t'éveilles. »

Avis aux fainéants sommeilleux qui vivent du travail d'autrui.

L'hiver et le printemps

L'hiver raillait le printemps et l'accablait de reproches : « À peine parais-tu, nul n'est plus en repos ; l'un s'en va par les prés et par les bois, cueillant les fleurs qu'il aime, lys ou roses, pour les faire tourner devant ses yeux ou les mettre dans ses cheveux ; l'autre s'embarque, traverse la mer et, si l'occasion s'en présente, va visiter d'autres pays. Plus personne ne se soucie du vent ni de la pluie. Moi, au contraire, je ressemble à un chef auquel on obéit sans réplique : sur mon ordre, les regards se détournent du ciel pour s'abaisser vers la terre ; j'inspire crainte et tremblement, et il arrive qu'on s'estime heureux de rester des jours entiers à la maison quand j'en ai décidé ainsi. – Voilà pourquoi, dit le printemps, les hommes voudraient bien être débarrassés de toi, tandis que mon nom seul leur semble beau et même, par Zeus, le plus beau de tous les noms, si bien qu'ils se souviennent de moi quand j'ai disparu et qu'ils se réjouissent quand je parais. »

L'hirondelle et le serpent

Une hirondelle avait établi sa nichée dans l'enceinte d'un tribunal. En son absence, un serpent se glissa jusqu'au nid et dévora ses petits. À son retour, trouvant le nid vide, terrassée par la douleur, elle se mit à gémir. Une hirondelle de ses amies tenta de la consoler en lui disant qu'elle n'était pas la seule à qui un tel malheur fût arrivé. Mais la mère éplorée répondit : « C'est moins la perte de mes petits qui m'afflige que d'être victime de ce crime en un lieu où ceux qu'on outrage trouvent ordinairement assistance. »

D'autant plus odieux sont les malheurs qu'ils nous viennent de qui on les attend le moins.

Les voyageurs et le platane

Midi, en plein été. Deux voyageurs, épuisés par la chaleur, avisent un platane. Parvenus à sa hauteur, ils se couchent pour une sieste à l'ombre de ses branches. Considérant l'arbre, ils se disent l'un à l'autre : « Voilà un arbre stérile qui n'est guère utile aux hommes. » Le platane les interrompt : « Ingrats ! c'est au moment même où vous jouissez de mes bienfaits que vous me traitez d'inutile et de stérile. »

Telle est l'infortune de certains : prodiguent-ils leurs bienfaits, on ne les tient pas moins pour inutiles.

Le loup et le lion

Un jour, un loup enleva un mouton. Il l'emportait dans son repaire quand il tomba sur un lion qui lui ravit sa proie. Le loup se retira à quelque distance et cria au lion : « Brigand, tu m'as volé mon bien ! » Le lion se mit à rire : « C'était sans doute le cadeau d'un ami ? »

Ainsi s'accusent mutuellement brigands et voleurs insatiables surpris par l'adversité.

Le médecin et le malade

Un médecin dont le patient était mort dit à ceux qui portaient le défunt en terre : « En voilà un qui, s'il s'était abstenu de vin et avait pris des lavements, serait encore en vie. » Quelqu'un répliqua : « Excellence, à quoi bon ces propos, aujourd'hui bien inutiles ? C'est quand il pouvait en profiter que tu aurais dû prodiguer tes conseils. »

Aidons nos amis quand ils en ont besoin au lieu d'ironiser quand leurs affaires vont mal.

Le milan et le serpent

Un milan enleva un serpent et gagna les hauteurs. Mais le serpent se tortilla si bien qu'il mordit son ravisseur. Et l'oiseau tomba mort sur le sol. Le serpent lui dit alors : « Quelle mouche t'a piqué de faire du mal à qui ne te nuisait en rien ? »

Tel s'abandonne à sa convoitise aux dépens des plus faibles : mais qu'il tombe sur un plus fort, le voilà bien marri, il paie alors pour ses méfaits passés.

Le chien endormi et le loup

Comme il dormait à la porte de l'étable, un chien fut surpris par un loup qui se jeta sur lui, prêt à le dévorer. Mais le chien le pria d'ajourner le sacrifice : « À présent, dit-il, je suis chétif et maigre. Mais attends un peu, mes maîtres s'apprêtent à célébrer des noces : j'y mangerai beaucoup et, devenu bien gras, je serai pour toi une nourriture de choix. » Le loup le crut et s'en alla. Quelques jours plus tard, il revint et aperçut le chien qui dormait à l'étage, dans la maison. D'en bas il l'appela : « Souviens-toi, lui dit-il, de ce dont nous étions convenus. » Mais le chien : « Ô loup, désormais, quand tu me verras dormir devant l'étable, n'attends plus les noces. »

Échappé une fois d'un danger, l'homme sensé s'en garde toute sa vie.

Le serpent foulé aux pieds

Un serpent qui se faisait souventes fois marcher dessus sollicita une intervention de Zeus. Celui-ci lui répondit : « Si tu avais mordu le premier qui t'a marché dessus, un deuxième ne se serait pas aventuré à en faire autant. »

Tiens tête aux premiers qui t'attaquent, les suivants te craindront.

L'enfant qui avait mangé des tripes

Des bergers qui avaient sacrifié une chèvre invitèrent des gens du voisinage. Parmi ceux-ci, se trouvait une pauvresse accompagnée de son enfant. Le festin était bien avancé quand l'enfant, qui s'était gavé de viande, se plaignit à sa mère : « Maman, je vomis mes tripes. – Non, pas les tiennes, répondit la mère, mais celles que tu as mangées. »

Ainsi du débiteur : toujours prêt à prendre l'argent d'autrui ; s'agit-il de le rendre, il souffre comme s'il prenait sur son bien propre.

Le chameau vu pour la première fois

La première fois qu'un chameau leur apparut, les hommes s'enfuirent, frappés de stupeur à la vue de sa taille. Mais quand, avec le temps, ils eurent constaté combien il était doux, ils s'enhardirent jusqu'à l'approcher. Puis, se rendant compte peu à peu qu'il ne savait pas se mettre en colère, ils en vinrent à le mépriser au point de lui mettre le mors et de le donner à conduire à des enfants.

L'habitude est un remède à la crainte.

Deux scarabées

Dans une petite île, paissait un taureau dont la bouse nourrissait deux scarabées. Quand vint l'hiver, l'un dit à l'autre : « J'ai l'intention de voler jusqu'à la terre ferme ; de cette façon, tu auras ici de quoi te nourrir convenablement. Quant à moi, je passerai l'hiver là-bas et, si j'y trouve pâture abondante, je t'en rapporterai. » Une fois sur le continent, il trouva quantité de bouses bien fraîches. Il s'en nourrit et demeura sur place. Au printemps, il revint dans l'île. À la vue de sa grasse et bonne mine, son compagnon lui reprocha de ne lui avoir rien rapporté : « Tu me l'avais pourtant promis. – Ce n'est pas de ma faute, répondit-il, c'est la nature là-bas qui veut ça : on y trouve à manger mais rien à emporter. »

De même, pour certains, l'amitié va bien jusqu'à offrir un repas mais s'arrête là.

Le crabe et le renard

Un crabe sortit des flots et s'en vint sur la grève, en solitaire, chercher sa pitance. Un renard affamé l'aperçut. Faute d'avoir autre chose à se mettre sous la dent, il courut vers le crabe pour s'en saisir. Au moment de périr dévoré, le crabe s'écria : « Bien fait pour moi, animal marin, qui ai voulu faire le terrien. »

Malheur à qui se lance dans des affaires qui n'ont rien à voir avec ses habitudes.

L'écrevisse et sa mère

« Ne marche pas de travers, disait maman écrevisse à sa fille, arrête de te frotter les côtes aux roches humides.
– Mais maman, c'est toi qui m'apprends : marche droit, je ferai comme toi. »

Redresseur de torts, apprends à marcher droit.

Le noyer

Un noyer qui poussait au bord de la route et que les passants frappaient à coups de pierre se plaignait en lui-même : « Malheur à moi qui, tous les ans, m'attire outrages et douleurs ! »

Tels sont ceux que leurs propres biens exposent à tous les chagrins.

Le castor

Le castor est un animal à quatre pattes qui vit dans les marais. On dit que ses parties sexuelles servent à faire des médicaments. Est-il découvert et pris en chasse par quelqu'un qui veut les lui couper ? Sachant pourquoi on le poursuit, il commence par fuir autant que le lui permet la vitesse de ses pattes, pour se conserver entier. Mais il arrive qu'on l'attrape : alors il se coupe lui-même les parties, les abandonne et sauve ainsi sa vie.

En veut-on à tes richesses, tu seras sage de les regarder avec quelque dédain de peur d'y laisser la vie.

L'âne et le petit chien

Un homme qui avait un chien de Malte et un âne passait son temps à jouer avec le premier. Quand il allait dîner au-dehors, il en rapportait toujours un morceau et le jetait à l'animal qui venait à lui en frétillant de la queue. Piqué par la jalousie, l'âne, un jour, accourut vers le maître et, bondissant, lui donna du sabot. Furieux, le maître le fit battre et ordonna qu'on l'attachât au râtelier.

N'importe qui n'est pas fait pour n'importe quoi.

La corneille et l'hirondelle

L'hirondelle disait à la corneille : « Moi, je suis vierge et athénienne, et princesse, et fille du roi d'Athènes » ; et là-dessus de raconter Térée et ses sévices, et l'épisode de la langue coupée[1]. Alors la corneille : « À quels exploits n'aurait-on pas droit si tu avais encore ta langue, toi qui, l'ayant perdue, nous fais encore semblables contes ? »

Les vantards se dénoncent eux-mêmes à force de mentir.

1. Allusion à la légende des deux sœurs Philomèle et Procné. Un jour, Térée, l'époux de Procné, violenta sa belle-sœur Philomèle ; après quoi il lui coupa la langue pour qu'elle ne pût se plaindre. Philomèle, toutefois, broda le récit de ses malheurs sur une étoffe qu'elle donna à sa sœur. Celle-ci décida de se venger en faisant manger à Térée le fils qu'elle avait eu de lui. Quand Térée découvrit ce forfait, il voulut punir les deux sœurs. Alors les dieux, les prenant en pitié, transformèrent l'une en hirondelle et l'autre en rossignol.

L'aigle et la tortue

Une tortue suppliait un aigle de lui apprendre à voler. L'aigle avait beau lui dire qu'elle n'était pas faite pour ça, elle ne s'en montrait que plus pressante. Alors l'aigle la prit dans ses serres et, l'ayant emportée dans les hauteurs, il la laissa tomber. Et la tortue se fracassa sur des rochers.

Voilà où mène, quand il est insensé, le désir de faire mieux qu'autrui.

Le chien et le boucher

Un chien fit irruption dans une boucherie. Comme le boucher était occupé, le chien saisit un cœur et prit la fuite. Mais le boucher se retourna et le vit s'enfuir. Il lui cria : « Animal ! sache que, où que tu ailles, je t'aurai à l'œil : du cœur, tu ne m'en as pas pris, tu m'en as donné ! »

L'expérience vaut leçon.

La rivière et la peau

Une rivière demanda son nom à une peau de bœuf qu'elle charriait dans ses eaux : « Dure », répondit la peau. Alors, s'élançant contre elle de toute la force de son courant, la rivière dit à la peau : « Cherche-toi un autre nom car je t'aurai bientôt ramollie. »

Le malheur est prompt à terrasser l'audacieux qui se vante.

Diogène en voyage

Au cours d'un voyage, Diogène le cynique se trouva arrêté par une rivière en crue. Il se tenait sur la rive, déconcerté par l'obstacle, lorsqu'un homme qui avait coutume de faire le passeur, le voyant dans l'embarras, vint à lui et, dans sa bonté, le prit sur ses épaules pour le passer sur l'autre rive. Alors Diogène se reprocha sa pauvreté : elle l'empêchait de récompenser son bienfaiteur. Il en était là de ses pensées quand l'autre, voyant un voyageur qui, lui non plus, ne pouvait traverser, courut à lui et le passa. Alors Diogène s'approcha du passeur et lui dit : « À présent, je ne te sais plus gré de ce que tu as fait : car j'y vois l'effet non du discernement mais d'une manie. »

À rendre service aux honnêtes gens aussi bien qu'aux propres à rien, tu te fais la réputation non pas d'un homme serviable, mais d'un imbécile.

Les chênes et Zeus

Les chênes accusaient Zeus : « Que nous sert d'avoir été appelés à la vie ? Bien plus que les autres arbres, nous sommes exposés à périr sous la cognée. » Alors Zeus : « Vous êtes vous-mêmes les artisans de votre malheur : si vous ne produisiez pas les manches de cognée et que vous ne fussiez utiles ni au charpentier, ni au paysan, la hache ne vous abattrait pas. »

Insensé ! n'accuse pas les dieux des maux dont tu es la cause.

Le renard et le bûcheron

Un renard fuyait des chasseurs. Voyant un bûcheron, il le supplia de lui trouver une cachette. Le bûcheron l'invita à venir se cacher dans sa cabane. Les chasseurs ne tardèrent pas à arriver et demandèrent au bûcheron s'il n'avait pas vu passer un renard. De la voix, il leur dit que non, tout en leur indiquant, d'un geste de la main, où il était caché. Les chasseurs ne prirent pas garde au geste et s'en rapportèrent aux paroles. Les voyant s'éloigner, le renard sortit sans mot dire. Le bûcheron lui en fit reproche : « Comment ? Tu n'as même pas un mot pour moi qui t'ai sauvé ? » Le renard répondit : « Je t'aurais dit merci si tu accordais tes paroles avec ce que tu fais de tes mains. »

Tel proteste de sa vertu qui ne songe qu'à mal faire.

L'homme lâche et les corbeaux

Un lâche partait pour la guerre. Des corbeaux ayant croassé, il posa ses armes et ne bougea plus. Puis il les reprit et se remit en route. Les corbeaux croassant de nouveau, il s'arrêta et finit par dire : « Vous pouvez crier tant que vous voudrez, vous ne connaîtrez pas le goût de ma chair. »

Tel est le lâche.

Le choucas et les colombes

Un choucas vit dans un pigeonnier des colombes grassement nourries. Il se passa du blanc sur les plumes et vint pour avoir part à leur régime. Tant qu'il resta silencieux, les colombes, le prenant pour une des leurs, l'admirent parmi elles. Mais au premier cri qu'il poussa par mégarde, ne reconnaissant pas sa voix, elles le chassèrent. Voyant la nourriture du pigeonnier lui échapper, le choucas retourna chez les siens. Là, sa couleur empêcha qu'on le reconnût et on le chassa. Si bien que de ses deux désirs, il n'y en eut pas même un de satisfait.

Contentons-nous de nos propres biens. La convoitise ne mène à rien sinon, souvent, à nous faire perdre même ce que nous avons.

Le sanglier, le cheval et le chasseur

Un cheval et un sanglier paissaient dans le même pré. Comme le sanglier saccageait l'herbe et souillait son eau, le cheval fit appel à un chasseur pour l'éloigner. « Je t'aiderai, lui dit le chasseur, à condition que tu te soumettes au mors et me prenne sur ton dos. – Entendu », dit le cheval. C'est ainsi que le chasseur monta le cheval et mit le sanglier hors de combat ; après quoi, il emmena chez lui sa monture et l'attacha dans l'écurie.

Tel sacrifie jusqu'à sa liberté pour pouvoir se venger.

L'eunuque et le prêtre

Un eunuque vint trouver un prêtre et le pria de faire un sacrifice en sa faveur pour qu'il devînt père d'un enfant. « Quand je vois l'offrande pour le sacrifice, lui dit le prêtre, je prie pour que tu deviennes père, mais quand je vois comment tu es fait, j'ai peine à croire que tu sois un homme. »

Deux ennemis

Deux ennemis mortels naviguaient sur le même bateau. L'un se tenait à la poupe, l'autre à la proue. Survint une tempête. Comme le bateau était sur le point de sombrer, celui qui était à la poupe demanda au pilote quelle partie de l'embarcation serait submergée la première. « La proue, répondit le pilote. – Eh bien, reprit l'autre, la mort pour moi n'a rien de triste, s'il m'est donné de voir mon ennemi mourir avant moi. »

Peu nous importent nos déboires du moment que le malheur frappe nos ennemis.

La vipère et le renard

Une vipère était emportée par le courant d'une rivière sur un fagot d'épines. La voyant, un renard qui passait lui lança : « Le pilote a le vaisseau qu'il mérite ! »

Le lion et le rat

Un rat s'en vint trotter sur un lion endormi. Réveillé, le fauve saisit le rat ; il s'apprêtait à le dévorer quand le rat le pria de le laisser aller : « Si tu m'épargnes, lui dit-il, je te revaudrai ce bienfait. » Et le lion, tout en riant, lui rendit la liberté. À quelque temps de là, le lion dut bel et bien son salut à la reconnaissance du rat. Des chasseurs l'avaient capturé et lié à un arbre. Le rat l'entendit gémir : il accourut, rongea ses liens et le délivra. Et il dit au lion : « Naguère tu t'es moqué de moi parce que tu ne t'attendais pas que je te montre ma gratitude ; apprends donc à présent que chez les rats aussi on trouve de la reconnaissance. »

Quand la chance a tourné, on voit les plus puissants avoir besoin des faibles.

Le voyageur et la fortune

Épuisé par sa longue route, un voyageur s'écroula de fatigue au bord d'un puits. Comme il s'était endormi, il allait tomber au fond quand la Fortune s'approcha de lui, le réveilla et lui dit : « Si tu étais tombé, ce n'est pas ton imprudence, c'est moi-même que tu aurais incriminée. »

On a tôt fait, dans le malheur, d'accuser les dieux.

Quand les ânes en appellent à Zeus

N'en pouvant plus d'avoir sans cesse d'épuisants fardeaux à porter, les ânes envoyèrent une délégation à Zeus pour qu'il les délivrât de leurs peines. Mais le dieu voulut leur faire comprendre que c'était là chose impossible et il leur dit : « Vous n'aurez plus rien à souffrir le jour où, en pissant, vous aurez formé une rivière. » Les ânes prirent ces paroles pour argent comptant et, depuis lors, lorsqu'ils voient de la pisse d'âne, ils s'arrêtent pour en grossir le flot.

On ne saurait changer son destin.

L'homme qui brisa une statue

Un homme avait chez lui un dieu de bois et, comme il était pauvre, il le suppliait de lui accorder un bienfait. Mais il avait beau faire, il était de plus en plus pauvre. Pris de colère, il saisit le dieu par les jambes et le cogna contre le mur. Aussitôt, la tête du dieu se brisa et il s'en répandit un flot d'or. L'homme ramassa la statue et s'écria : « Faut-il que tu sois pervers et obtus ! Quand je t'honorais, tu n'as rien fait pour moi, mais que je te frappe et aussitôt tu me couvres de bienfaits. »

À force de coups, non d'hommages, tu tireras quelque chose du méchant.

L'aigle, le geai et le berger

Du haut d'un rocher élevé, un aigle fondit sur un mouton qu'il saisit dans ses serres. Jaloux d'un tel exploit, un geai se mit en tête de l'imiter. S'étant laissé tomber, il s'abattit avec fracas sur un bélier. Ses griffes s'enfoncèrent dans les boucles de laine et le voilà battant des ailes en vain pour s'en dépêtrer. Le berger le vit, accourut pour le prendre et lui rogna le bout des ailes. Le soir venu, il l'apporta à ses enfants. Ceux-ci de demander : « Quel est cet oiseau ? » Et lui : « Pour autant que je sache, c'est un geai, mais à ce qu'il prétend, c'est un aigle. »

Veux-tu rivaliser avec plus fort que toi ? Tu cours à l'échec ; bien pis, tu feras rire de tes malheurs.

Le Nègre

Un homme acheta un Nègre avec l'idée que sa couleur venait de la négligence de son précédent maître. Il l'emmena chez lui et là, utilisant toutes ses lessives, il lui fit prendre bain sur bain pour tenter de le nettoyer. Mais il ne put modifier la couleur et tant de peine n'aboutit qu'à rendre le Nègre malade.

Tels nous sommes nés, tels nous resterons.

L'aveugle

Un aveugle était accoutumé à reconnaître au toucher toute bête qu'on lui mettait entre les mains. On lui donna un jour un louveteau. Après l'avoir palpé, comme il hésitait à se prononcer, il déclara : « Si c'est le petit d'un loup, d'un renard ou d'une bête de cette espèce, je l'ignore ; une chose est su re : il n'est pas animal à laisser avec les moutons. »

Telle est la contenance des méchants qu'on a tôt fait de les reconnaître.

Le menteur

Un homme pauvre gisait, malade et mal en point. Il promit aux dieux de leur offrir cent bœufs s'ils le sauvaient. Désireux de le mettre à l'épreuve, les dieux hâtèrent sa guérison. Une fois remis sur pied, comme en réalité l'homme n'avait pas de bœufs, il en fit cent avec de la cire et les brûla sur un autel en disant : « Ô dieux, agréez mon offrande. » Mais les dieux voulurent à leur tour le repaître de fumée. Ils lui firent voir en songe qu'il trouverait mille drachmes s'il se rendait au bord de la mer. Fou de joie, l'homme courut à la plage. Là il tomba sur des pirates qui le capturèrent, le vendirent et tirèrent bel et bien de lui mille drachmes.

Avis aux menteurs.

Le cheval et le palefrenier

Au palefrenier qui lui volait son orge tout en le bichonnant à longueur de journée, un cheval déclara : « Veux-tu vraiment que je sois beau ? Ne vends plus l'orge qui m'est destinée ! »

Ainsi font les gens cupides : ils cherchent à séduire les pauvres par des propos insinuants et des flatteries, tout en les privant du nécessaire.

Le rat et la grenouille

Un rat des champs se lia d'une amitié fatale avec une grenouille. Celle-ci eut la mauvaise idée d'attacher la patte du rat à la sienne. Ils s'en allèrent d'abord à travers champs, pour y grignoter du grain. Puis ils parvinrent au bord de l'étang ; la grenouille entraîna le rat au fond, tout en s'ébrouant dans l'eau et lançant ses « brekekekex ». Le malheureux rat, gorgé d'eau, y laissa la vie. Comme son cadavre flottait, attaché à la patte de la grenouille, un milan l'aperçut et l'enleva dans ses serres. La grenouille suivit, emportée par son lien et finit elle aussi dans l'estomac du milan.

Ta victime, même morte, peut encore te punir : la justice divine veille à tout et, l'œil sur la balance, donne à chacun son dû.

Le naufragé et la mer

Un naufragé que les flots avaient rejeté sur le rivage s'endormit, épuisé. Peu après, il se réveilla et, voyant la mer, il éclata en reproches : « Tu séduis les hommes en te montrant douce à leurs yeux mais, une fois que tu les as accueillis, tu les fais périr sauvagement. » La mer, qui avait revêtu les apparences d'une femme, lui répondit : « Ami, ne t'en prends pas à moi, mais aux vents : je suis, moi, par nature, telle que tu me vois ; ce sont les vents, qui, fondant sur moi à l'improviste, me soulèvent et m'ensauvagent.

N'impute pas l'injustice à qui la commet quand les vrais responsables sont ceux qui y poussent.

Les jeunes garçons et le boucher

Deux jeunes garçons étaient venus ensemble acheter de la viande. Profitant de ce que le boucher était occupé, l'un d'eux déroba des abattis et les glissa sous le vêtement de son compagnon. Quand le boucher se tourna vers eux, ne trouvant pas les morceaux qu'il cherchait, il se mit à les accuser. Mais tous deux jurèrent, celui qui les avait pris qu'il ne les avait pas, et celui qui les avait, qu'il ne les avait pas pris. Devinant leur ruse, le boucher leur dit : « Vous pouvez bien me donner le change avec un faux serment, les dieux, eux, sauront à quoi s'en tenir. »

Aussi sophistiqué soit-il, un faux serment reste ce qu'il est : un acte impie.

Le faon et le cerf

Un jour, le faon dit au cerf : « Père, tu es plus grand et plus rapide que les chiens ; en outre la nature t'a pourvu de cornes merveilleuses ; comment se fait-il que tu aies peur de ces animaux ? » Et le cerf répondit en riant : « Tu dis vrai, mon enfant, et pourtant je sais bien que lorsque j'entends un chien aboyer, c'est plus fort que moi : je prends la fuite. »

En vain cherches-tu à raisonner un lâche.

Le jeune prodigue et l'hirondelle

Un jeune prodigue avait mangé tout son patrimoine : il ne lui restait plus que son manteau. À la vue d'une hirondelle – arrivée prématurément – il crut le printemps venu et qu'il n'avait plus besoin de son manteau : il le vendit sans plus attendre. À quelque temps de là, survint le mauvais temps accompagné de grands froids. Et le jeune homme marchait dans la campagne quand il aperçut l'hirondelle : elle était morte de froid. « Tu nous as, dit-il, perdus toi et moi. »

Il y a péril à agir à contretemps.

Le malade et le médecin

« Comment vas-tu ? », demanda le médecin à son malade. « J'ai sué plus qu'il n'aurait fallu », répondit le malade. « Voilà qui est bien », dit le médecin. Interrogé une deuxième fois sur son état, le malade répondit qu'il avait été pris de violents frissons. « Voilà qui est bien », dit le médecin. Une troisième fois, le médecin se présenta et questionna le malade sur sa maladie. « Je souffre à présent de diarrhées », répondit le malade. « Voilà encore qui est bien », dit le médecin. Et, comme un de ses gens s'enquérait de son état, le malade lui dit : « Sache-le, je meurs d'aller bien. »

Souvent nos proches s'en remettent aux apparences : cela même qu'ils prennent pour signe de notre bonheur est en réalité ce dont nous souffrons le plus.

Les lièvres et les renards

Les lièvres, en guerre contre les aigles, appelèrent les renards à leur secours. Mais ceux-ci répondirent : « Nous vous serions venus en aide si nous ne savions qui vous êtes et qui vous combattez. »

C'est tenir peu à la vie que de s'attaquer à plus fort que soi.

La chauve-souris, la ronce et la mouette

Une chauve-souris, une ronce et une mouette décidèrent de se consacrer ensemble au commerce maritime. La chauve-souris emprunta de l'argent pour le mettre dans la caisse commune, la ronce prit avec elle des vêtements et la mouette de la vaisselle ; après quoi elles appareillèrent. Mais une violente tempête se leva et le bateau fit naufrage. Toutes trois purent gagner saines et sauves la terre ferme, mais la cargaison fut perdue. Depuis lors la mouette ne quitte plus le rivage, pour le cas où la mer y rejetterait sa vaisselle ; la chauve-souris, qui redoute ses créanciers, ne paraît plus le jour et ne sort que la nuit pour chercher sa pâture ; quant à la ronce, elle s'accroche aux habits des passants, dans l'espoir d'y reconnaître les siens.

On revient toujours à ses premières amours.

Le moustique et le taureau

Un moustique se posa sur la corne d'un taureau et y demeura longtemps. Au moment de partir, il demanda au taureau : « Tu aimerais bien que je m'en aille ? » Mais le taureau répondit : « Je ne t'ai pas plus senti venir que je ne te sentirai partir. »

Ici ou ailleurs, l'homme de peu ne fait ni bien ni mal à personne.

Le lion, l'âne et le renard

Le lion, l'âne et le renard avaient chassé de conserve et pris abondance de gibier. Sur un ordre du lion, l'âne procéda au partage. Il fit trois parts égales et demanda au lion de choisir la sienne. Furieux, le lion bondit sur lui et le dévora. Après quoi il enjoignit au renard de faire le partage. Celui-ci fit une seule part de l'ensemble, ne gardant pour lui que quelques menus morceaux. « Et maintenant, choisis », dit-il au lion. Celui-ci lui demanda qui lui avait appris à partager ainsi. « Le triste sort de l'âne », répondit le renard.

Malheur d'autrui est source de sagesse.

L'âne et son maître

Un âne que menait son maître fit quelques pas sur un sentier facile et s'aventura peu après en des lieux escarpés. Comme il allait tomber au fond du précipice, l'homme le saisit par la queue et s'efforça de lui faire rebrousser chemin. Mais l'âne résistait de toutes ses forces si bien que l'homme le lâcha, disant : « Eh bien, soit, triomphe : tu auras gagné ta perte. »

La biche borgne

Une biche borgne s'en vint paître au bord de la mer. De son œil intact, tourné vers la terre, elle guettait l'arrivée des chasseurs ; quant à son œil aveugle, il était tourné vers la mer, côté d'où elle n'avait à craindre aucun danger. Mais des marins qui croisaient dans les parages l'aperçurent et l'abattirent. « Hélas, dit la biche en mourant, pour mon malheur, je surveillais la terre que je croyais pleine de dangers et c'est la mer au bord de laquelle je m'étais réfugiée qui m'a été funeste. »

Où tu voyais le péril, tu as trouvé ton profit, et où ton salut, ta perte.

Le chevreau et le loup qui jouait de la flûte

Un chevreau à la traîne en arrière du troupeau fut pris en chasse par un loup. « Je sais bien, loup, dit-il en se retournant vers lui, que je finirai sous ta dent mais, pour que je ne meure pas sans honneur, joue de la flûte et je danserai. » Le loup jouait et le chevreau dansait quand les chiens, alertés par le bruit, accoururent et donnèrent la chasse au loup. Celui-ci se tourna vers le chevreau et lui dit : « C'est bien fait pour moi ; boucher, je n'avais pas à faire le flûtiste. »

Hermès et la terre

Après avoir façonné l'homme et la femme, Zeus dit à Hermès de les conduire sur la terre et de leur montrer où ils devaient creuser pour se procurer leur subsistance. Hermès s'exécuta mais la terre commença par se montrer récalcitrante. Hermès ne transigea pas : « C'est Zeus qui l'ordonne », dit-il. « Qu'ils creusent autant qu'ils veulent, répliqua la terre, mais il leur en coûtera plaintes et gémissements. »

Tel emprunte facilement qui rechigne à rembourser.

Le loup et l'âne

Promu chef de ses congénères, un loup institua que, désormais, chacun mettrait en commun le produit de sa chasse : tous en auraient part égale. De cette façon, la disette ne ferait plus les loups se dévorer entre eux. Lors, un âne s'avança et, secouant sa crinière : « Belle pensée, dit-il, sortie d'un cœur de loup. Mais comment se fait-il que tu aies toi-même déposé dans ton repaire ton butin d'hier ? Allons, qu'attends-tu pour le partager ? » Et le loup confondu abrogea sa loi.

Ainsi de certains : leurs lois semblent justes mais eux-mêmes ne les respectent pas.

L'hirondelle et les oiseaux

Aux premiers jours de la saison du gui, l'hirondelle sentit le danger qui menaçait la gent ailée. Elle convoqua les oiseaux en assemblée et leur conseilla vivement d'arracher le gui des chênes. « Cependant, ajouta-t-elle, si vous n'y arrivez pas, allez vous réfugier chez les hommes et suppliez-les de ne pas recourir à la glu pour vous attraper. » Les oiseaux rirent, jugeant ces propos incongrus. L'hirondelle, de son côté, se présenta en suppliante chez les hommes. Ceux-ci l'accueillirent par égard pour son intelligence et lui ouvrirent leur maison. L'hirondelle y trouva refuge et protection ; les autres oiseaux, quant à eux, furent pris et mangés par les hommes.

Sachons prévoir les dangers pour mieux y échapper.

Le renard et l'épouvantail

Un renard s'introduisit dans la maison d'un acteur. Il fouilla une à une ses affaires et tomba sur une tête d'épouvantail joliment ouvragée. Il la prit entre ses pattes et s'écria : « La jolie tête que voilà, mais il n'y a rien dedans. »

Tel a jolie tournure qui n'a pas de cervelle.

Vive dispute

Deux hommes disputaient pour savoir qui de Thésée ou d'Héraclès était le plus grand dieu. Cela provoqua la colère des deux dieux qui se vengèrent chacun sur le pays de l'autre.

Les querelles des subordonnés excitent les maîtres contre leurs sujets.

Le meurtrier

Un meurtrier était poursuivi par les parents de sa victime. Il arrivait au bord du Nil, lorsqu'apparut un loup qui venait à sa rencontre. Pris de peur, il monta se cacher dans un arbre de la rive. Voyant alors un dragon s'élever vers lui, il se jeta dans le fleuve où un crocodile le dévora.

Pour qui est poursuivi par les dieux, la terre, l'air ni l'eau ne sont éléments où trouver refuge.

Le bouvier et Héraclès

Un bouvier sur son char s'en allant au village
Tomba dans un ravin avec son équipage.
Grand dévot d'Héraclès, il restait, bras ballants,
À implorer son dieu au lieu d'aider ses gens.
« En vain, lui dit son dieu, implores-tu les cieux
Si tu ne vas toi-même aiguillonner tes bœufs. »

Borée et le Soleil

Borée et le Soleil, disputant de leur force, convinrent que la palme du plus fort irait à qui dépouillerait un voyageur de son manteau. Borée commença : il se mit à souffler violemment et, comme l'homme resserrait son manteau, il redoubla ses assauts. Transi de froid, le voyageur passa un second manteau, si bien que Borée, découragé, laissa faire le Soleil. Celui-ci tout d'abord brilla modérément et l'homme enleva le second de ses manteaux. Le Soleil darda alors des rayons plus ardents si bien que notre voyageur, n'en pouvant plus de chaleur, ôta tous ses habits et plongea dans une rivière qui coulait non loin de là.

Par la persuasion mieux que par la violence, tu parviendras à tes fins.

L'âne et le chien voyageant de conserve

Un âne et un chien voyageaient de conserve. Ils trouvèrent à terre une lettre cachetée. L'âne la ramassa, brisa le sceau, la déplia et en fit la lecture au chien. Il y était question de la nourriture du bétail, je veux dire de foin, d'orge et de paille. Et comme il s'ennuyait à la lecture de l'âne, le chien lui dit : « Lis voir un peu plus bas, cher ami, des fois qu'il serait question de viande et d'os. » L'âne parcourut la lettre mais n'ayant rien trouvé de ce que cherchait le chien, celui-ci lui dit : « Jette donc ce papier sans valeur. »

Les lièvres et les grenouilles

Les lièvres assemblés se plaignaient un jour de mener une vie peu sûre et pleine de crainte. Des hommes et des chiens, des aigles et de bien d'autres, ils étaient la proie. Il valait mieux en finir une bonne fois que de vivre ainsi dans la terreur. Leur décision prise, comme un seul lièvre, ils coururent vers l'étang pour s'y jeter et s'y noyer. Mais au bruit de leur course, les grenouilles, assises en rond autour de l'étang, plongèrent aussitôt dedans. Alors, un lièvre qui avait l'air plus intelligent que les autres dit à ses compagnons : « Arrêtez ! Ne vous faites pas de mal. Vous voyez bien qu'on peut trouver encore plus peureux que nous. »

Les malheurs d'autrui nous consolent des nôtres.

Le jardinier arrosant des légumes

Comme le jardinier arrosait ses plantes, un passant s'arrêta pour lui demander pourquoi les légumes sauvages étaient florissants et vigoureux alors que ceux qu'il cultivait étaient chétifs et rabougris. « La terre, répondit le jardinier, est pour les premiers une mère, pour les autres une marâtre. »

Il en est de même pour les enfants selon qu'ils sont nourris ou non par leur mère.

Le joueur de cithare

S'accompagnant à la cithare, un chanteur peu doué débitait chanson sur chanson dans une maison aux murs enduits de chaux. L'écho était flatteur et il jugea sa voix particulièrement belle. Il s'exalta au point qu'il se crut fait pour le théâtre. Mais une fois sur scène, il chanta si mal qu'il fut chassé à coups de pierres.

Ainsi tel orateur, qui faisait bonne impression à l'école, n'est plus trouvé bon à rien quand il entre en politique.

La grive

Une grive picorait dans un bosquet de myrtes : comment s'arracher à des fruits si savoureux ? Son goût pour ces lieux n'avait pas échappé à l'oiseleur qui l'épiait. Il la captura. Sur le point de mourir, la grive s'écria : « Malheur à moi qui péris victime de ma gourmandise ! »

Ainsi le débauché meurt victime de son goût pour le plaisir.

Les voleurs et le coq

Des voleurs s'introduisirent dans une maison. Leur butin se réduisit à un coq qu'ils emportèrent en quittant les lieux. Ils allaient sacrifier l'animal quand celui-ci leur fit cette prière : « Laissez-moi aller ; ne fais-je pas œuvre utile aux hommes quand je les réveille la nuit pour les appeler au travail ? » Et les larrons de répondre : « Raison de plus pour t'immoler. En les réveillant, tu nous empêches de voler. »

La vertu voit un bien où le crime un obstacle.

L'estomac et les pieds

Les pieds se prétendaient plus forts que l'estomac : « La preuve, nous te portons. – Mes braves, répondit l'estomac, sans la nourriture que je vous fournis, vous ne pourriez rien porter par vous-mêmes. »

Ainsi, dans une armée, le nombre ne sert de rien si les généraux n'y vont de leurs meilleures idées.

Le milan qui hennit

Le milan avait naguère une voix autrement perçante. Mais un jour il entendit un cheval hennir de belle façon. Il voulut l'imiter : ses efforts acharnés pour attraper la voix de l'équidé n'aboutirent qu'à lui faire perdre la sienne. Si bien qu'au bout du compte il n'avait plus ni voix de cheval, ni voix de milan.

Homme de peu, par jalousie tu perds ce que la nature t'a donné en enviant ce qu'elle t'a refusé.

L'oiseleur et l'aspic

Muni de glu et de gluaux, un oiseleur partit à la chasse. Il aperçut une grive perchée sur un arbre et voulut l'attraper. Il attacha ses gluaux les uns au bout des autres et, gardant les yeux en l'air, il ne vit pas qu'il marchait sur un aspic endormi. Celui-ci se retourna et fit jaillir son dard. Blessé à mort, l'oiseleur s'écria : « Malheur à moi qui, poursuivant ma proie, n'ai pas vu la mort qui faisait de moi la sienne. »

Tel trame des embûches contre autrui qui le premier tombe dans le malheur.

Le vieux cheval

Un vieux cheval fut acheté pour faire tourner un moulin. Une fois attelé à la meule, il dit en gémissant : « Avoir tourné sur le sable des stades pour en arriver à ces tours-là ! »

Jeune et glorieux, tout te paraît possible, mais ne t'exalte pas : pour beaucoup la vieillesse est temps de lourdes peines.

Le chat et les rats

Il y avait beaucoup de rats dans une maison ; un chat l'apprit et s'y rendit. Il attrapait les rats les uns après les autres et les mangeait. C'était une hécatombe : aussi les rats s'enfuirent-ils dans leurs trous, hors d'atteinte du chat. Celui-ci se dit qu'il fallait trouver une idée pour les faire sortir. Il grimpe au sommet d'un pieu, s'y laisse pendre, et fait le mort. Un rat, qui justement pointait son museau dehors, le vit alors et lui dit : « Eh, eh, quand tu serais un sac, je ne ferai pas un pas vers toi. »

A-t-il souffert une fois des méchants, l'homme sensé ne se laisse plus prendre à leurs feintes.

La chèvre et le chevrier

Un chevrier rappelait ses bêtes à l'étable. Comme l'une d'elles s'attardait à quelque pousse savoureuse, le berger lui lança une pierre. Il visa si juste qu'il lui brisa une corne. Il supplia la chèvre de n'en rien dire au maître. Mais la chèvre : « J'aurais beau me taire, comment cacher la vérité ? Qui pourrait ne pas voir que ma corne est cassée ? »

Quand l'évidence vous accuse, rien ne saurait vous disculper.

L'homme de mauvaise foi

Un homme sans foi ni loi avait parié qu'il convaincrait de mensonge l'oracle de Delphes. Au jour dit, il prit dans sa main un petit moineau qu'il dissimula sous son manteau. Arrivé au sanctuaire, il se tint devant l'oracle et lui demanda si ce qu'il avait dans la main était un être vivant ou un objet inanimé. Il voulait, si le dieu disait « un objet inanimé », montrer le moineau vivant et, s'il disait « un être vivant », présenter le moineau après l'avoir étranglé. Mais le dieu devina son intention déloyale : « Arrête ! Il dépend de toi que ce que tu tiens soit mort ou vivant. »

On ne saurait prendre le dieu en défaut.

Le choucas en fuite

Un homme attrapa un choucas. Il lui attacha un fil de lin à la patte et le donna à son enfant. Vivre parmi les hommes, quel ennui pour un choucas ! Aussi, profitant d'un moment de liberté, il s'enfuit pour regagner son nid. Mais le fil se prit dans les branches et l'arrêta en plein vol. Comme il allait mourir, il se dit : « Malheur à moi qui, pour n'avoir pas supporté d'être esclave parmi les hommes, me suis moi-même condamné à mourir. »

Ainsi, fuyant de menus dangers, on tombe sans le vouloir dans de plus grands.

Le lion et l'onagre

Un lion et un onagre chassaient, usant l'un de sa force, l'autre de sa rapidité. Au terme de la chasse, le lion partage et fait trois parts : « La première, dit-il, me revient de droit : je suis le roi ; je prendrai la deuxième en tant qu'associé à part égale ; quant à la troisième, elle fera ton malheur à moins que tu ne décampes. »

Mesure tes propres forces ; n'entre point en affaires avec de plus puissants que toi.

La chienne et la truie

Une chienne et une truie s'injuriaient à qui mieux mieux. « Par Aphrodite, jurait la truie, je te déchirerai à belles dents ! – Tu fais bien, répliqua la chienne, de jurer par Aphrodite : manifestement, elle te chérit entre tous, elle qui interdit l'entrée de son temple à quiconque a goûté à ta chair impure. » Alors la truie : « C'est bien en effet une preuve de son amour pour moi : tous les moyens lui sont bons pour dissuader les hommes de me tuer ou de me maltraiter. Quant à toi, tu pues, aussi bien vivante que morte. »

Où l'on voit que les orateurs habiles savent retourner une insulte en éloge.

Les guêpes, les perdrix et le laboureur

Des guêpes et des perdrix tourmentées par la soif vinrent demander à boire à un paysan. « Nous ne serons pas ingrates, promirent-elles : nous, les perdrix, nous sarclerons ta vigne ; et nous, les guêpes, nous en ferons le tour pour chasser les voleurs avec nos aiguillons. – Ma foi, répondit le paysan, j'ai deux bœufs qui font tout sans rien promettre ; mieux vaut leur donner l'eau qu'à vous. »

Un aigrefin promet-il ses services, méfiance !

Le singe et le dauphin

Les navigateurs ont coutume de prendre à bord des petits chiens de Malte et des singes : ces animaux les distraient pendant la traversée. C'est ainsi qu'un homme naviguait en compagnie d'un singe. Or, à la hauteur du cap Sounion, au sud de l'Attique, un violent orage éclata. Le navire chavira et tous, y compris le singe, se retrouvèrent nageant dans les flots. Un dauphin aperçut l'animal et, croyant avoir affaire à un homme, il se glissa sous lui, le prit sur son dos et le mena vers la terre ferme. Comme il arrivait au Pirée, le port d'Athènes, le dauphin demanda au singe s'il était athénien. « Oui, répondit le singe, et de haute naissance. – Et connais-tu le Pirée ? demanda le dauphin. – C'est même un de mes meilleurs amis », répondit le singe. L'imposture déplut fort au dauphin : il gagna les profondeurs et le singe y laissa la vie.

Avis à qui, ignorant la vérité, cherche à tromper son monde.

Le chariot d'Hermès et les Arabes

Parcourant la terre avec son chariot plein de mensonges, de ruses et de tromperies, Hermès prélevait sur sa cargaison pour en donner un peu aux habitants de tous les pays. Mais quand il arriva en Arabie, son chariot, dit-on, se brisa soudain. Les habitants en pillèrent le chargement comme s'il s'agissait de biens précieux et ne laissèrent pas le dieu aller plus loin.

Entre tous les peuples, les Arabes sont fourbes et menteurs : la vérité ne parle pas par leur bouche.

La belette et la lime

Une belette s'était introduite dans l'atelier d'un forgeron et entreprit de lécher une lime qui traînait là. Elle y usa sa langue qui se mit à saigner abondamment. Elle s'imaginait que c'était le fer qui allait diminuant et s'en réjouissait, jusqu'au moment où le métal eut raison de sa langue.

À te plaire aux querelles, tu travailles à ta perte.

Le paysan et l'aigle

Un paysan trouva un aigle pris au piège. Frappé par sa beauté, il lui rendit sa liberté. L'aigle ne se montra pas ingrat : voyant le paysan assis au pied d'un mur tout lézardé, il vola vers lui et emporta dans ses serres le bandeau qui lui ceignait la tête. L'homme se leva et se lança à la poursuite de l'oiseau. Alors celui-ci laissa tomber le bandeau. Le paysan le ramassa et, s'en retournant, il trouva le mur effondré à l'endroit où il était assis un peu plus tôt : grande fut son admiration pour ce geste de reconnaissance.

As-tu reçu un bienfait, sache le rendre.

Le cheval, le bœuf, le chien et l'homme

Quand l'homme sortit des mains de Zeus, il était destiné à mener une vie brève. Tirant parti de son intelligence, quand vint l'hiver, il se bâtit une maison et s'y installa. Sur ces entrefaites, le froid se fit si vif, et Zeus fit pleuvoir si fort, que le cheval, à bout de forces, courut s'abriter chez l'homme. Celui-ci ne reçut l'animal qu'à condition qu'il lui fît don d'une partie des années qu'il avait à vivre. Le cheval les lui céda avec joie. Peu après parut le bœuf, incapable lui aussi de supporter les frimas. L'homme lui déclara de même qu'il ne le recevrait qu'en échange de quelques-unes de ses années de vie : marché conclu, le bœuf entra. Enfin arriva le chien, mourant de froid. Il dut céder lui aussi quelques années de vie pour s'abriter. C'est ainsi que les hommes vivent purs et bons durant le temps que leur a donné Zeus. Quand ils arrivent aux années du cheval, les voilà qui fanfaronnent, la tête haute ; les années du bœuf les trouvent autoritaires. Enfin, quand ils achèvent leur vie avec les années du chien, on les voit aboyer rageusement pour un oui ou pour un non.

Pour toi, vieillard acariâtre.

Le vieillard et la mort

Chargé du bois qu'il venait de couper, un vieillard allait par un long chemin. Épuisé par sa marche, il déposa son fardeau : il appelait la Mort de ses vœux. La Mort parut : « Pourquoi m'as-tu appelée ? » Et le vieillard : « Pour que tu lèves ce fardeau. »

Fût-elle difficile, on aime la vie.

Le corbeau et le renard

Un corbeau déroba un morceau de viande et alla se percher sur un arbre. Un renard, l'ayant aperçu, voulut se rendre maître du morceau. Posté au pied de l'arbre, il se mit à louer la beauté et la grâce du corbeau : « À qui mieux qu'à toi convient-il d'être roi ? En vérité tu le serais, si tu avais de la voix. » Le corbeau, voulant lui montrer qu'il n'en était pas dépourvu, laissa tomber la viande et poussa de grands cris. L'autre se précipita, s'empara de la viande et dit : « Ô corbeau, si tu avais aussi de l'intelligence, il ne te manquerait rien pour être le roi de tous les animaux. »

Avis au sot.

Le loup et le berger

Un loup suivait paisiblement un troupeau de moutons. Au début, le berger se gardait de lui comme d'un ennemi et le surveillait craintivement du coin de l'œil. Mais, comme le loup le suivait toujours sans donner le moindre signe d'agressivité, il se dit qu'il avait là un gardien plutôt qu'un ennemi aux intentions mauvaises. C'est pourquoi, quelque nécessité l'appelant à la ville, le berger laissa ses moutons auprès du loup et s'éloigna. Le loup vit le moment propice : il se jeta sur les moutons et les mit presque tous en pièces. De retour, le berger vit son troupeau décimé et s'écria : « Hélas, c'est justice : qu'avais-je à confier mes moutons à un loup ? »

Confier son bien aux dévots du lucre, c'est s'assurer de le perdre.

L'enfant qui se baigne

Un enfant qui se baignait dans un fleuve était en danger de noyade. Il appela un passant à son secours. Celui-ci se mit à sermonner l'enfant sur sa témérité. « Viens d'abord à mon secours, s'écria le jeune garçon, tu me feras tes reproches quand tu m'auras sauvé. »

Le dépositaire et le Serment

Un homme entendait garder pour lui l'argent qu'un ami lui avait confié en dépôt. Et comme cet ami le pressait de prêter serment, il se déroba et partit à la campagne. Parvenu aux portes de la ville, il aperçut un boiteux ; il lui demanda qui il était et où il allait. « Je suis le Serment et je traque ceux qui manquent à leur parole. – Et d'ordinaire, s'informa notre homme, au bout de combien de temps reviens-tu dans chaque ville ? – Trente ou quarante ans, cela dépend », répondit le Serment. Dès le lendemain, sans plus tarder, l'homme jura qu'il n'avait pas reçu de dépôt. Mais il tomba sur le Serment qui l'emmena au bord d'un précipice. « Eh quoi ! se récria-t-il, tu m'as dit que tu revenais au bout de trente ans et tu ne m'accordes pas même un délai d'un jour ! » Le Serment répondit : « Sache que lorsque quelqu'un me contrarie, j'ai pour habitude de revenir le jour même. »

Le père et ses filles

Un homme avait donné ses deux filles en mariage, l'une à un jardinier, l'autre à un potier. Au bout de quelque temps, il alla voir la première : « Comment vas-tu, s'enquit-il, et comment vont tes affaires ? – Tout va bien, répondit-elle, il n'est qu'une chose que je demande aux dieux, c'est qu'il pleuve pour arroser les légumes. » Peu après, il se rendit chez la seconde. Mêmes questions. « Je suis comblée, répondit-elle, et mon seul souhait c'est que le temps reste beau et que le soleil brille pour que la poterie sèche. » Alors le père : « Si tu souhaites le beau temps et ta sœur la pluie, aux vœux de laquelle vais-je unir les miens ? »

Entreprendre une chose et son contraire : voilà bien le moyen de ne réussir ni l'une ni l'autre.

La colombe assoiffée

Une colombe assoiffée vit une coupe d'eau peinte sur un tableau. La prenant pour une vraie, elle se précipita dans un grand bruit d'ailes et s'en vint à l'étourdie heurter le tableau. Qu'arriva-t-il ? Elle se brisa les ailes et tomba à terre où elle fut capturée par un passant.

Il en est qui, poussés par un désir violent, se lancent inconsidérément dans des entreprises, ignorant qu'ils courent à leur perte.

Le lion et l'âne chassant ensemble

Le lion et l'âne s'étaient associés pour une partie de chasse. Ils arrivèrent à une grotte où se trouvaient des chèvres sauvages. Pendant que le lion, posté à l'entrée, guettait leur sortie, l'âne se précipita sur elles en brayant pour leur faire peur. Quand le lion en eut attrapé la plupart, l'âne sortit : « Ne les ai-je pas, demanda-t-il au lion, bravement combattues et mises en fuite ? – Crois bien, répondit le lion, que moi aussi j'aurais eu peur si je n'avais su que c'était toi, l'âne, qui faisais ce bruit. »

Tes vanteries, à bon droit, feront rire qui te connaît.

Le cheval et l'âne

Un homme avait un cheval et un âne. Un jour qu'ils faisaient route ensemble, l'âne dit au cheval : « Si tu tiens à ma vie, prends un peu de mon fardeau. » Mais le cheval ne se laissa pas attendrir et l'âne tomba mort, épuisé de fatigue. Le maître alors chargea tout sur le cheval, y compris la dépouille de l'âne. Et le cheval de se lamenter à grands cris : « Malheur à moi et que triste est mon sort : pour n'avoir pas voulu porter une partie, me voilà chargé du tout avec, en prime, la peau de l'autre. »

L'homme et le satyre

Un homme s'était, dit-on, lié d'amitié avec un satyre. L'hiver étant venu, comme il faisait froid, l'homme portait les mains à sa bouche et soufflait dessus. « Que fais-tu là ? », lui demanda le satyre. « Je me réchauffe les mains, répondit-il, car il fait froid. » Plus tard, ils passèrent à table. Comme le plat qu'on leur avait servi était très chaud, l'homme y prélevait de petits morceaux et, les portant à sa bouche, il soufflait dessus. Interrogé une nouvelle fois par le satyre, il expliqua qu'il refroidissait ainsi sa nourriture. « Eh bien, lui dit le satyre, je renonce à ton amitié, car tu souffles de la même bouche et le chaud et le froid. »

Nous aussi, gardons-nous de l'amitié de qui mène double jeu.

Acheter un âne

Un homme prit à l'essai un âne qu'il avait l'intention d'acheter. Il le mena parmi ceux qu'il avait déjà et le mit au râtelier. Mais, délaissant la compagnie des autres, le nouveau venu alla trouver le plus paresseux et le plus glouton de tous. Et, comme il ne faisait rien, l'homme lui passa une corde au cou et alla le rendre à son propriétaire. Celui-ci demanda si l'essai avait été probant. « Qu'ai-je besoin, répondit l'autre, de le mettre à l'essai : je sais qu'il ressemble au compagnon qu'il s'est choisi. »

C'est ainsi qu'on te jugera : à la compagnie que tu auras choisie.

Le pêcheur

Un pêcheur pêchait dans une rivière. Il avait tendu son filet d'une rive à l'autre et battait l'eau au moyen d'une pierre attachée à une corde de lin. Les poissons mis en fuite tomberaient, pensait-il, d'eux-mêmes dans les mailles du filet. Le voyant faire, un des habitants du voisinage lui reprocha de troubler la rivière : « Tu nous empêches, dit-il, de boire de l'eau claire. » Le pêcheur rétorqua : « Oui, mais si l'eau n'est pas trouble, je vais mourir de faim. »

Ainsi dans leur pays, les démagogues prospèrent à raison des troubles qu'ils fomentent.

L'alcyon

L'alcyon est un oiseau marin qui recherche les lieux solitaires. Pour se garder des chasseurs, il fait, dit-on, son nid dans les rochers du rivage.

Un jour, un alcyon qui voulait pondre gagna un promontoire et, ayant aperçu un rocher battu par les flots, il y fit son nid. Comme il était sorti en quête de nourriture, il arriva que la mer, soulevée par un vent violent, s'éleva jusqu'au nid, l'inonda et noya les petits. À son retour, quand l'alcyon vit ce qui s'était passé, il s'écria : « Pauvre de moi ! pour me garder des pièges de la terre, je me suis réfugié en mer où m'attendaient dangers plus grands encore. »

Te gardant de tes ennemis, tu ignorais que tu allais tomber sur amis bien plus redoutables.

Les renards

Des renards s'étaient un jour rassemblés au bord du Ménandre pour y boire. Le courant était fort et nul n'osait plonger, quoique chacun y encourageât l'autre. L'un d'eux fit une harangue. Il vilipenda ses compagnons, moqua leur couardise et, ayant exalté sa bravoure, sauta hardiment dans l'eau. Le courant l'eut vite emporté au milieu. Quant aux autres, restés sur la berge, ils lui criaient : « Ne nous abandonne pas, reviens donc nous montrer par où nous pourrons aller boire sans danger. » L'animal, emporté par les flots, répondit : « On m'attend à Milet, j'ai une réponse à y porter. À mon retour, je vous montrerai. »

Dédié aux fanfarons de tout poil.

Les voyageurs et les broussailles

Deux voyageurs qui marchaient au bord de la mer parvinrent au sommet d'une dune. De là, voyant des broussailles flotter dans le lointain, ils crurent avoir affaire à un important vaisseau. Mais le vent ayant rapproché les broussailles, ils crurent voir cette fois le bateau d'un pêcheur. Enfin, quand ils virent les broussailles échouées sur le rivage, ils se dirent l'un à l'autre : « C'est pour ce rien que nous avons attendu en vain ! »

Tel, dont notre ignorance se faisait une idée redoutable, se révèle à l'expérience n'être qu'homme de rien.

Les loups, les moutons et le bélier

Les loups dépêchèrent une ambassade auprès des moutons : « Livrez-nous les chiens pour que nous les tuions ; en échange, nous conclurons avec vous une paix perpétuelle. » Les moutons, dans leur bêtise, n'y trouvèrent rien à redire. Mais un vieux bélier dit aux loups : « Comment vous ferais-je assez confiance pour vivre avec vous alors que, même quand les chiens nous gardent, je ne puis paître en sécurité ? »

Ne va pas, sur la foi de tes ennemis jurés, te défaire de ce qui assure ta sécurité.

Le chien, le coq et le renard

Un chien et un coq qui s'étaient liés d'amitié faisaient route ensemble. À la tombée de la nuit, le coq se percha sur un arbre cependant que le chien se nichait au creux du tronc. Ils s'endormirent. Comme à l'accoutumée, le coq chanta avant le jour. Un renard l'entendit, accourut et, s'arrêtant au pied de l'arbre, pria le coq de descendre : il voulait embrasser un animal doué d'une si belle voix. Le coq lui répondit : « Réveille d'abord le portier qui dort au pied de l'arbre ; quand il aura ouvert, je descendrai. » Et comme le renard cherchait à parler au chien, celui-ci bondit soudain sur lui et le mit en pièces.

Si tes ennemis t'attaquent, envoie-les par ruse se frotter à plus fort qu'eux.

Le corbeau et le serpent

Un corbeau au ventre vide aperçut un serpent qui dormait au soleil. Il fondit sur lui et l'enleva. Mais le serpent se retourna et le mordit. Au moment de mourir, le corbeau s'écria : « Malheur à moi qui ai fait trouvaille si belle que j'en meurs ! »

As-tu découvert un trésor : crains pour ta vie.

Le paysan et l'arbre

Dans le champ d'un paysan, poussait un arbre qui ne produisait rien : tout juste servait-il à abriter des moineaux et des cigales qui chantaient. Aussi le paysan s'apprêtait-il à couper cette plante stérile. Et déjà, s'étant saisi d'une hache, il y portait le premier coup, quand les cigales et les moineaux le supplièrent de ne pas détruire leur abri : « Épargne-le, dirent-ils, que nous puissions continuer à te charmer par nos chants. » Faisant fi de leur prière, l'homme donna de la hache une deuxième, puis une troisième fois. C'est alors qu'au creux de l'arbre il découvrit un essaim d'abeilles et du miel. Il n'y eut pas plus tôt goûté qu'il jeta sa hache, honora l'arbre comme s'il était sacré et l'entoura de ses soins.

Ainsi sommes-nous : moins empressés à honorer et chérir la justice qu'à poursuivre le gain.

Zeus et la tortue

Pour ses noces, Zeus avait invité tous les animaux à sa table. Seule la tortue ne vint pas. Le lendemain, Zeus s'enquit auprès d'elle des motifs de son absence : « Tous les animaux étaient là ; pourquoi n'es-tu pas venue ? – Maison de choix que mon chez-moi », répondit la tortue. Zeus, irrité contre elle, établit que désormais elle porterait partout sa maison sur son dos.

Beaucoup préfèrent vivre chez eux sans apprêts que de mener grand train chez les autres.

Le lion, le renard et la biche

La maladie l'ayant couché au creux d'un rocher, le lion dit au renard, son compagnon et ami : « Veux-tu que je guérisse et vive ? Va trouver la grande biche qui habite dans la forêt, prends-la au piège de tes douces paroles et amène-la moi : j'ai envie de ses entrailles et de son cœur. » Le renard s'en alla et trouva la biche qui bondissait dans les bois. Il la salua d'un air enjoué et lui dit : « Je viens t'annoncer une bonne nouvelle. Tu sais que notre roi, le lion, est mon voisin. Eh bien, il est malade et sur le point de mourir. Alors il s'est demandé lequel des animaux régnerait après lui. Le sanglier, a-t-il dit, est mal dégrossi, l'ours paresseux, la panthère coléreuse, le tigre fanfaron. C'est la biche, a-t-il conclu, qui est la plus digne de régner : l'y disposent sa haute taille, sa longévité et sa corne redoutable aux serpents. En un mot, la royauté t'échoit. Que me vaudra d'avoir été premier à te le dire ? Fais donc un vœu pour moi qui suis pressé : je crains qu'il ne me fasse appeler. Il a besoin de mes conseils en toute chose. Et maintenant, crois-en un vieillard avisé, va le trouver pour l'assister dans ses derniers moments. » La biche, à ces mots, se laissant griser par l'orgueil, gagna la grotte du lion sans se douter de ce qui l'attendait. Le fauve eut tôt fait de sauter sur elle ; mais ce fut tout juste s'il lui déchira les oreilles de ses griffes. La biche s'enfuit à toutes jambes dans les bois. Le renard se frotta les pattes de dépit : tant de peine pour rien ! Quant au lion, il se plaignait en rugissant, tenaillé par la faim et l'amertume : il fallait, suppliait-il, que le renard tentât à nouveau de lui amener la biche par la ruse. « Tu me charges là d'une tâche pénible et difficile, dit le renard, mais je m'y emploierai. » Et, semblable à un chien de chasse, le renard s'élança sur les traces de la biche, l'esprit occupé à tramer des ruses. Il demanda à des bergers s'ils n'avaient pas vu une biche ensanglantée. Ceux-ci lui indiquèrent dans quelle partie de la forêt elle se trouvait. Le renard trouva la biche qui se rafraîchissait. Il se montra sans plus de façons. La biche s'écria, le poil hérissé par la colère : « Sale bête, tu ne m'y prendras plus. Un pas de plus et tu es mort. À d'autres, tes renarderies, à d'autres, aux naïfs, la royauté et tes belles paroles pour leur monter la tête. » Mais le renard répondit : « Es-tu donc à ce point couarde et lâche ? Est-ce ainsi que tu nous soupçonnes, nous, tes amis ? Quand le lion t'a saisi l'oreille, il s'apprêtait, comme un qui se sent mourir, à te donner conseils et instructions en vue de ton règne glorieux. Et toi, tu n'as même pas pu supporter l'égratignure de la patte d'un malade. Maintenant, il est encore plus en colère que toi. C'est le loup qu'il veut faire roi. Hélas ! le méchant maître ! Allons, viens, tout doux, ne crains rien. Je le jure par toutes les feuilles et les sources, le lion ne te fera aucun mal. Quant à moi, je suis tout entier à ton service. » Le renard parvint ainsi à circonvenir la biche une deuxième fois. Quand elle entra dans la grotte, le lion eut son dîner. Il avala tout : les os, la mœlle et les entrailles. Le renard se tenait en spectateur mais, le cœur de la biche étant tombé, il s'en saisit discrètement et le mangea pour prix de sa peine. Du coup le lion ne le trouva pas parmi les morceaux qui restaient. Le renard, se tenant à distance, lui dit : « En vérité, cette biche n'avait pas de cœur : ne le cherche plus. Comment aurait-elle eu un cœur de biche[1], celle qui, par deux fois, est venue dans l'antre d'un lion se jeter dans ses griffes ? »

L'amour de la gloire trouble l'esprit et nous rend aveugles au danger.

L'âne, le renard et le lion

Un âne et un renard qui s'étaient liés d'amitié partirent à la chasse. Un lion se trouva sur leur chemin. Voyant le danger qui les menaçait, le renard s'approcha du lion et s'engagea à lui livrer l'âne : « Promets-moi, en échange, de me laisser la vie sauve. » Le lion ayant promis, le renard s'arrangea pour faire tomber l'âne dans un piège. Mais le lion, voyant que l'âne ne pouvait pas s'échapper, se saisit d'abord du renard et s'occupa ensuite de l'âne.

T'en prends-tu à ton associé ? C'est à ta propre perte que tu travailles.

1. Avoir un cœur d'animal et en particulier un « cœur de biche » signifie en grec manquer de courage. Voir par exemple *Iliade* I, 225.

Le berger et le loup

Un berger trouva un louveteau nouveau-né. Il l'emporta chez lui et l'éleva avec ses chiens. Le louveteau fut bientôt un adulte. Dès lors, quand un loup enlevait une brebis, il se joignait aux chiens pour lui donner la chasse. Et s'il arrivait que les chiens ne pussent attraper le loup et s'en revinssent bredouilles, il continuait, lui, la poursuite jusqu'au bout et il partageait la brebis avec son congénère ; après quoi, il s'en retournait. Cependant, lorsqu'aucun loup ne venait enlever de brebis, il en tuait lui-même une en cachette et s'en régalait avec les chiens. Mais le berger finit par comprendre et fit périr le loup en le pendant à un arbre.

La mauvaise graine ne saurait donner de bons fruits.

Zeus, Prométhée, Athéna et Momos

Zeus, Prométhée et Athéna, ayant fabriqué l'un un taureau, l'autre un homme et la dernière une maison, s'en remirent à Momos pour juger de leurs travaux. Or celui-ci en était jaloux. Il commença par dire que Zeus s'était trompé, qu'il aurait dû mettre les yeux du taureau au bout de ses cornes afin qu'il vît où il frappait. Que Prométhée de même aurait dû suspendre le cœur de l'homme à l'extérieur afin que l'on reconnût les méchants et que les pensées de chacun fussent visibles à tous. Qu'Athéna enfin aurait dû placer la maison sur des roues afin qu'on pût facilement s'éloigner d'un voisin peu délicat. Alors, Zeus, indigné de sa jalousie, le chassa de l'Olympe.

Rien n'est si parfait qu'on n'y puisse trouver à redire.

Le débiteur athénien

Au créancier qui le pressait de rembourser sa dette, un Athénien, dont la bourse était, disait-il, vide, demanda un délai. Comme l'autre ne voulait rien entendre, l'Athénien prit la seule truie qu'il possédât et, en présence du créancier, la mit en vente. Survint un acheteur qui lui demanda si la truie était féconde. « Si elle est féconde ? dit l'Athénien ; elle l'est même extraordinairement ! Aux Mystères[1], elle enfante des femelles, et aux Panathénées[2], des mâles. » Comme l'acheteur accueillait ces propos avec quelque surprise, le créancier ajouta : « Et ce n'est pas le plus étonnant, figure-toi, elle te donnera même des chevreaux aux Dionysies[3] ! »

Il en est qui, quand leur intérêt est en jeu, n'hésitent pas à se porter garants des choses les plus folles.

Le rossignol et l'hirondelle

« Suis mon conseil, imite-moi, disait l'hirondelle au rossignol ; viens vivre avec les hommes sous leurs toits. » Le rossignol lui répondait : « Je préfère habiter les lieux déserts, de peur de raviver le souvenir de mes anciens malheurs. »

Quand on a connu le malheur, on cherche à fuir même l'endroit où il nous a frappé.

1. Fêtes en l'honneur de Déméter, déesse de la fécondité.
2. Fêtes en l'honneur d'Athéna, déesse fondatrice d'Athènes.
3. Fêtes en l'honneur de Dionysos.

Le renard et le singe

Un singe et un renard, qui voyageaient de conserve, disputaient de leur noblesse. Un endroit se présente que le singe, en gémissant, se met à regarder fixement. « Qu'est-ce qui te prend ? », lui demande le renard. Montrant des tombeaux, le singe répond : « Comment ne pas pleurer à la vue des stèles des affranchis et des esclaves de mes pères ? » Et le renard : « Tu peux mentir à ton aise : aucun d'eux ne se lèvera pour te convaincre de mensonge. »

Les menteurs se vantent à l'envi quand nul n'est là pour les confondre.

Le paysan et les chiens

Un paysan fut bloqué dans son étable par la tempête. Comme il ne pouvait pas sortir pour se procurer de la nourriture, il commença par manger ses moutons. Puis, la tempête persistant, il dévora aussi ses chèvres. Le troisième jour, comme il n'y avait toujours pas d'accalmie, il dépeça ses bœufs de labour. Voyant de tels procédés, les chiens se dirent entre eux : « Partons d'ici car si le maître n'a pas hésité à tuer ses bœufs, comment nous épargnerait-il ? »

Gardons-nous de qui n'hésite pas à faire du tort à ses proches.

Le corbeau et Hermès

Un corbeau pris au piège promit à Apollon de lui offrir de l'encens. Mais, une fois hors de danger, il oublia sa promesse. Pris au piège une autre fois, délaissant Apollon, il fit la même promesse à Hermès. Celui-ci lui répondit : « Misérable, comment te ferais-je confiance, à toi qui as renié et lésé ton maître ? »

Tu t'es montré ingrat envers tes bienfaiteurs ? Ne compte pas qu'on vienne à ton aide quand tu seras dans l'embarras.

La poule aux œufs d'or

Un homme avait une poule qui pondait des œufs d'or. S'imaginant qu'elle avait une masse d'or dans les entrailles, il la tua, mais il la trouva semblable aux autres poules. Ainsi, au lieu de découvrir l'immense trésor auquel il s'attendait, il se priva même du petit profit qu'il en tirait.

Garde-toi de la convoitise, contente-toi de ce que tu as.

Zeus et le tonneau des biens

Zeus enferma tous les biens dans un tonneau qu'il remit à un homme. Celui-ci, d'un naturel curieux, voulut savoir ce qu'il y avait dedans. Il souleva le couvercle. Et les biens s'envolèrent vers les dieux.

Aux hommes, seule reste l'espérance, qui leur promet les biens enfuis.

La queue et le corps du serpent

Un jour, la queue du serpent prétendit marcher la première et conduire le reste du corps. Celui-ci se récria : « Comment nous conduiras-tu, toi qui n'as ni yeux ni nez comme en ont les autres animaux ? » Mais rien n'y fit, le bon sens fut mis en déroute : ce fut la queue qui prit la conduite du corps, le tirant à l'aveuglette jusqu'à ce que le serpent se rompit l'échine au fond d'un ravin plein de pierres. Alors, toute ondulante, la queue supplia la tête : « Sauve-nous, s'il te plaît, ô notre reine, je t'ai fait une mauvaise querelle. »

Avis aux fourbes, aux pervers qui se révoltent contre leurs maîtres.

Le lion amoureux et le paysan

Un lion se prit d'amour pour la fille d'un paysan et la demanda en mariage. Comme il répugnait autant à donner sa fille à une bête sauvage qu'il craignait de lui opposer un refus, le paysan imagina ce qui suit. Il déclara au lion, qui le pressait avec insistance, qu'il le considérait comme digne d'épouser sa fille. Il la lui donnerait donc, à une condition : qu'il s'arracha t les dents et se rogna t les griffes, car la jeune fille en avait peur. Le lion s'y résigna facilement : il était amoureux. Mais il n'obtint en retour que le mépris du paysan qui, lorsqu'il se présenta, le chassa à coups de bâton.

Si, te fiant à autrui, tu renonces à tes prérogatives, tu deviens une proie facile pour ceux qui, jusque-là, te craignaient.

Prométhée et les hommes

Conformément aux ordres de Zeus, Prométhée façonna des hommes et des bêtes. Mais voyant que ces dernières étaient beaucoup plus nombreuses, Zeus ordonna à Prométhée d'en supprimer un certain nombre en les changeant en hommes. Ainsi fut fait. Voilà pourquoi il y a des hommes qui n'ont d'humain que l'apparence : ils ont gardé leur âme de bête.

La rose et l'amarante

Une amarante dit à la rose sa voisine : « Que tu es belle ! Dieux et hommes te désirent ! Heureuse es-tu pour ta beauté et ton parfum ! – Amarante, brève est ma vie, répondit la rose, point n'ai besoin pour me faner que l'on vienne me cueillir. Toi, au contraire, tu restes dans ta fleur éternellement jeune. Mieux vaut vivre longtemps en se contentant de peu que de voir le malheur et la mort succéder sans tarder à des jours trop heureux. »

Entre arbres

Les plus beaux fruits ? Chacun – le grenadier, le pommier et l'olivier – se targuait de les produire. Une vive querelle s'alluma. Une ronce du voisinage en fut témoin : « Allons, mes amis, dit-elle, cessons de *nous* disputer ».

Quand les meilleurs s'entre-déchirent, les moins que rien s'efforcent à paraître quelqu'un.

Le trompette

Comme il sonnait le rassemblement, un trompette tomba aux mains de l'ennemi. Et il criait : « Ne me tuez pas, soldats, à la légère et sans raison : je n'ai tué aucun des vôtres et, ce cuivre excepté, je ne possède rien. » Mais on lui répondit : « Raison de plus pour que tu meures, toi qui, ne pouvant faire la guerre, excites les autres au combat. »

Malheur à qui pousse les puissants à se montrer cruels et méchants.

La taupe

Voici l'histoire de la taupe – animal aveugle – qui dit à sa mère qu'elle y voit. Sa mère la met à l'épreuve : elle lui donne un grain d'encens et lui demande ce que c'est. « Un caillou », répond la fille. « Mon enfant, dit la mère, non seulement tu es aveugle mais encore tu as perdu l'odorat. »

Tel imposteur promet l'impossible : un rien, pourtant, suffit à le confondre.

Le sanglier et le renard

Un sanglier avait fait halte au pied d'un arbre pour aiguiser ses défenses. « À quoi bon, s'enquit le renard, affiler tes défenses en l'absence de tout chasseur et de tout danger ? »

« J'ai mes raisons, répondit le sanglier. Survienne un péril, je n'aurai pas le loisir de les aiguiser ; mais comme elles seront prêtes, je n'aurai plus qu'à m'en servir. »

N'attendons pas le danger pour nous préparer à l'affronter.

La mort du cygne

On connaît la légende : au moment de mourir, les cygnes chantent. Or un homme tomba sur un cygne à vendre. C'était, lui avait-on dit, un animal qui chantait fort bien : il l'acheta. Un jour qu'il donnait un festin, il fit venir le cygne pour qu'il chante. Mais l'oiseau garda le silence. Cependant, quelque temps plus tard, sentant venir sa mort, il entonna un chant funèbre. Quand le maître l'entendit se lamenter ainsi, il lui dit : « Si tu ne chantes qu'au moment de mourir, j'ai été bien bête, l'autre jour, de te prier de chanter au lieu de t'immoler. »

On est parfois contraint à faire plaisir malgré soi.

Les deux chiens

Un homme avait deux chiens. À l'un, il apprit à chasser. De l'autre, il fit le gardien de la maison. Or, chaque fois que le premier rapportait quelque gibier de la chasse, le maître en jetait en pâture un morceau au second. Le chien de chasse, mécontent, dit à son compagnon sur un ton de reproche : « C'est toujours moi qui sors et me donne tout le mal ; toi, tu ne fais rien et, quand j'ai peiné, tu n'as plus qu'à te régaler.– Je n'y suis pour rien, répondit l'autre, fais tes reproches au maître ; c'est lui qui, au lieu de m'apprendre à travailler, m'a appris à me nourrir des travaux d'autrui. »

Ce n'est pas à l'enfant qu'il faut reprocher l'insouciance que ses parents lui ont apprise.

Le renard qui n'avait jamais vu de lion

Il était une fois un renard qui n'avait jamais vu de lion. La première fois qu'il en rencontra un, peu s'en fallut qu'il ne mourût de frayeur. La deuxième fois, il eut un peu moins peur. La troisième fois, il s'enhardit jusqu'à lui parler.

L'habitude ôte aux choses ce qu'elles ont d'effrayant.

Les êtres humains et Zeus

Les animaux, dit-on, furent façonnés les premiers et se virent gratifiés par le dieu, les uns de la force, d'autres de la vitesse, d'autres encore d'une paire d'ailes ; quant à l'homme, qui demeurait nu, il dit au dieu : « Moi seul n'ai reçu aucune faveur. » Mais Zeus lui répondit : « Tu ne te rends pas compte du cadeau que je t'ai fait. C'est pourtant toi qui as obtenu le plus beau. Tu as reçu la raison, dont le pouvoir est grand chez les dieux et chez les hommes : qui peut davantage et qui est plus rapide ? » Reconnaissant qu'il s'agissait d'un beau cadeau, l'homme s'inclina et s'éloigna en remerciant.

Le dieu a honoré tous les hommes en leur donnant la raison : mais certains ne se rendent pas compte de l'honneur qui leur a été fait et préfèrent envier les animaux qui n'ont ni raison ni sentiment.

L'homme et le renard

Un homme en voulait à un renard qui lui causait du tort. Il s'en empara et, comme il désirait lui infliger une lourde punition, il lui attacha à la queue de l'étoupe imbibée d'huile et y mit le feu. Après quoi, il le lâcha dans la nature. Mais un malin génie conduisit le renard dans les champs de son bourreau. Alors, suivant le renard à la trace, notre homme allait se lamentant sur la récolte perdue.

Du calme ! ne t'emporte pas outre mesure : ta colère pourrait bien te causer grand tort !

Zeus et le renard

Émerveillé de l'intelligence et de la ruse du renard, Zeus l'établit roi des animaux. Mais il voulut savoir si ses méchantes habitudes avaient changé en même temps que sa fortune. Comme le renard passait en litière, il lui mit un scarabée sous les yeux. Incapable de se contenir à la vue de l'insecte voltigeant autour de lui, le renard bondit et, au mépris de toute convenance, essaya de l'attraper. Alors Zeus, indigné, le rendit à son ancienne condition.

Sous des dehors brillants, le méchant reste tel.

Les chiennes affamées

Deux chiennes affamées virent des peaux qui trempaient dans une rivière. Mais comment les atteindre ? « Buvons la rivière et vidons-la : après quoi les peaux seront à nous. » Ainsi décidèrent-elles. Mais à force de boire, elles éclatèrent bien avant d'atteindre leur but.

Tel qui convoite un bien s'expose à des périls où plus tôt il succombe qu'il n'a satisfait son désir.

Le lion et le taureau

Un lion qui méditait la mort d'un taureau énorme voulut s'en rendre maître par la ruse. Il l'invita à manger un mouton qu'il avait, disait-il, sacrifié aux dieux. Il comptait se jeter sur son ho te quand celui-ci serait à table. À son arrivée, le taureau vit force chaudrons et broches de grande taille, mais de mouton, point. Sans mot dire, il se retira. Le lion lui en fit reproche : « Je ne t'ai rien fait, pourquoi t'en vas-tu sans rien dire ? » Alors le taureau : « J'ai mes raisons : je vois qu'on a fait des préparatifs non pour un mouton mais pour un taureau. »

Les ruses des méchants n'abusent pas l'homme sensé.

Le berger facétieux

Un berger qui menait paître ses brebis à quelque distance du village aimait à faire la plaisanterie que voici. Il criait : « Les loups attaquent ! », et il appelait les villageois à son secours. Deux fois, trois fois, les villageois prirent peur et s'élancèrent hors du village, après quoi ils s'en revenaient en riant. Mais les loups finirent par attaquer réellement. Comme ils mettaient en pièces les moutons, le berger appela les villageois au secours. Ceux-ci crurent à une de ses plaisanteries habituelles et ne s'inquiétèrent pas le moins du monde. Et c'est ainsi que le berger perdit ses moutons.

On ne fait pas confiance au menteur, quand bien même il dit la vérité.

Le pêcheur et le picarel

Un pêcheur avait jeté son filet dans la mer. Il en retira un picarel. C'était un petit poisson ; aussi supplia-t-il le pêcheur de ne pas le prendre tout de suite et de le relâcher étant donnée sa petite taille. « Mais, quand j'aurai grandi et serai devenu un gros poisson, tu pourras me prendre, lui dit-il, je te serai alors d'un plus grand profit. » Le pêcheur répondit : « Je serais bien bête de dédaigner le gain d'aujourd'hui, si petit soit-il, pour placer mon espoir dans celui à venir, si grand puisse-t-il être. »

L'âne sauvage et l'âne domestique

Un âne sauvage, voyant un âne domestique dans un vallon ensoleillé, le félicita pour sa bedaine bien ronde : « Heureux es-tu, lui dit-il, de pouvoir te régaler ainsi. » Mais, quand il le vit, un peu plus tard, chargé d'un fardeau et suivi de l'ânier qui lui donnait du bâton, il s'écria : « Non, je ne loue plus ton sort, maintenant que je vois de quels maux tu paies ton abondance ! »

Peu enviables sont les avantages qui nous exposent aux périls et à la souffrance.

L'âne, le coq et le lion

Un coq picorait du grain en compagnie d'un âne. Survint un lion qui marcha droit sur l'âne. Le coq alors lança son cri et le lion prit la fuite (on dit en effet que la voix du coq fait peur aux lions). L'âne, pensant que c'était lui qui avait mis le lion en fuite, se lança aussitôt à sa poursuite. Mais quand l'âne l'eut suivi assez loin pour qu'on n'entendît plus la voix du coq, le lion se retourna et le dévora.

C'est pour mieux t'anéantir que ton ennemi se fait petit devant toi.

Les loups et les moutons

Les loups avaient des vues sur un troupeau de moutons. Comme les chiens de garde les empêchaient de s'en rendre maîtres, ils résolurent d'avoir recours à la ruse. Ils envoyèrent quelques-uns d'entre eux demander aux moutons de leur livrer les chiens : « Ce sont eux, disaient-ils, qui sont cause de notre inimitié : livrez-les nous et la paix régnera entre nous. » Ne prévoyant pas ce qui allait arriver, les moutons livrèrent les chiens. Et les loups, une fois maîtres de ceux-ci, n'eurent pas de peine à égorger le troupeau privé de ses gardiens.

Ainsi dans les États : ceux qui livrent facilement leurs chefs ne voient pas qu'ils seront bientôt la proie de leurs ennemis.

Le chien de combat

Un chien était élevé dans une maison. On l'avait dressé à combattre les bêtes sauvages ; mais quand il en vit un groupe rangé en ligne, brisant le collier de son cou, il s'enfuit à travers les rues de la ville. Le voyant gras et fort comme un taureau, quelques-uns de ses congénères lui demandèrent : « Pourquoi fuis-tu ? – Je sais bien, répondit-il, que j'ai à manger plus qu'il n'en faut et que je me fais plaisir au ventre ; mais je suis sans cesse à deux doigts de la mort quand je combats les ours et les lions. » Les autres se dirent entre eux : « Notre vie à nous, quoique pauvre, est belle, car nous ne combattons ni lions ni ours. »

Mieux vaut fuir les périls que de s'y exposer par amour de la bonne chère ou de la vaine gloire.

Le pêcheur et les petits poissons

Un pêcheur retira son filet de l'eau : il se rendit maître des gros poissons et les étala sur le sol ; les plus petits, eux, se faufilèrent à travers les mailles dans la mer.

Es-tu de condition modeste : tu échapperas facilement aux dangers où tombent les plus illustres.

Le renard et le bouc

Un renard était tombé dans un puits. Pas moyen d'en sortir. Survint un bouc pressé par la soif : apercevant le renard, il lui demanda si l'eau était bonne. Réjoui de l'aubaine, le renard se lança dans l'éloge de l'eau : on n'en pouvait trouver de meilleure ; et il invita le bouc à le rejoindre. Sans plus réfléchir et n'écoutant que son désir, le bouc descendit. Sa soif apaisée, il fallut songer à remonter : qu'en pensait le renard ? « Je connais, dit celui-ci, un bon moyen, pourvu seulement que tu aies envie de nous tirer d'affaire : tu lèves tes pieds de devant contre la paroi, et tu dresses tes cornes ; là-dessus, je cours en haut et à mon tour je te tire de là. » Le bouc s'exécute. S'aidant des jambes, de l'échine et des cornes du bouc, le renard se hisse en quelques bonds jusqu'en haut du puits et, aussitôt sorti, s'éloigne. Comme le bouc lui reprochait de n'avoir pas respecté leur accord, le renard se retourna pour lui dire : « Eh ! mon vieux, si tu avais autant d'esprit que de poil au menton, tu ne serais pas descendu sans savoir comment tu remonterais. »

En toute chose, il faut considérer la fin.

L'hirondelle et la corneille

À l'hirondelle qui se prétendait la plus belle, la corneille répliqua : « Ta beauté ne fleurit qu'au printemps, alors que mon corps à moi supporte aussi l'hiver. »

Longue vie vaut mieux que beauté.

L'homme mordu par une fourmi et Hermès

À la vue d'un navire qui coulait avec ses passagers, un homme se prit à fustiger l'injustice des dieux : pour un qui les avait offensés, ils avaient fait périr des innocents. Comme il parlait ainsi, il fut mordu par une fourmi – il y en avait beaucoup là où il se trouvait. Quoiqu'une seule l'eût mordu, il les écrasa toutes. Survint alors Hermès qui le frappa de son caducée. « Toi qui te venges ainsi d'une fourmi, tu n'admets pas que les dieux agissent à ta manière ? »

Quand il arrive un malheur, ne va pas blasphémer contre les dieux : examine plutôt tes propres fautes.

Le mari et la femme

Comme sa femme se montrait fort acariâtre avec les gens de la maison, un homme se disait : « J'aimerais bien savoir si elle oserait traiter ainsi les domestiques de son père. » Il trouva un bon prétexte pour l'envoyer chez celui-ci. Quand elle fut de retour, quelques jours plus tard, il lui demanda comment elle avait été reçue. « Les bouviers et les bergers, dit-elle, me regardaient de travers.
– Eh bien, femme, dit-il, si tu étais odieuse à ceux qui sortent les troupeaux dès le matin et ne rentrent que le soir, que devaient penser de toi ceux avec qui tu passais toute la journée ! »

La chauve-souris et les belettes

Une chauve-souris étant tombée à terre, une belette la captura et elle allait la tuer quand la chauve-souris lui fit cette prière : « Laisse-moi la vie sauve. – Impossible, répondit la belette, car, de naissance, je suis l'ennemie de tous les oiseaux. – Je ne suis pas un oiseau, je suis une souris », dit l'autre ; et la belette la laissa partir.

Peu après, elle tomba à nouveau et fut prise par une autre belette. « Ne me mange pas », la supplia-t-elle. Mais la belette : « Je déteste les souris. » Et l'autre : « Je ne suis pas une souris, je suis une chauve-souris. » Et cette fois encore, on la relâcha.

C'est ainsi que, changeant par deux fois de nom, elle échappa à la mort. À dangers nouveaux, figure et façon nouvelles.

Les arbres et l'olivier

Un jour, les arbres se mirent en devoir de se choisir un roi et ils dirent à l'olivier : « Règne sur nous. » Mais l'olivier répondit : « Renoncerai-je à l'huile qu'hommes et dieux ont célébrée en moi pour aller commander aux arbres ? » Alors les arbres dirent au figuier : « Viens régner sur nous. » Mais le figuier répondit : « Renoncerai-je à ma douceur, à mon fruit succulent, pour aller commander aux arbres ? » Alors les arbres dirent au roncier : « Viens régner sur nous. » Et le roncier répondit : « Si vraiment vous m'oignez comme roi, venez vous mettre à l'abri sous moi. Sinon, que du roncier sorte un feu qui dévore les cèdres du Liban. »

Le bûcheron et Hermès

Un bûcheron qui travaillait au bord d'une rivière y avait laissé tomber sa hache. Désemparé, il pleurait, assis sur la rive. Apprenant son infortune, Hermès eut pitié de lui et plongea dans la rivière. Il en rapporta une hache en or. « Est-ce la tienne ? », demanda-t-il au bûcheron. « Ce n'est pas celle-là », répondit l'homme. Hermès plongea de nouveau et remonta avec une hache en argent. « Ce n'est pas non plus celle-là », lui dit le bûcheron. Une troisième fois, Hermès plongea : il remonta avec la hache du bûcheron. « C'est la mienne », dit celui-ci. Devant une telle probité, Hermès fit don des trois haches au bûcheron. Celui-ci s'en alla conter son aventure à ses compagnons. L'un d'eux voulut s'assurer semblable fortune. S'étant rendu au bord de la rivière, il abandonna à dessein sa cognée dans le courant, après quoi il s'assit et se mit à se lamenter. À lui aussi Hermès apparut et, instruit du pourquoi de ses pleurs, il plongea dans la rivière. Cette fois encore, il remonta une hache en or et demanda si c'était celle-là qui avait été perdue. Et l'autre de jubiler : « Oui, en vérité, c'est elle. » Son impudence déplut fort au dieu qui non seulement garda la hache en or mais encore ne lui rendit pas la sienne.

Auprès du dieu, l'homme droit est en faveur, mais le fourbe en disgrâce.

Le paysan et la fortune

Un paysan découvrit de l'or en bêchant. Dès lors, chaque jour, il couronnait la terre en qui il voyait sa bienfaitrice. Mais la Fortune vint lui dire : « Ce n'est pas la terre, c'est moi qui t'ai fait ce présent et qui veux t'enrichir. Va, je sais bien que le jour où, les circonstances ayant changé, l'or passera en d'autres mains, c'est à moi que tu feras des reproches. »

Les loups et les chiens

Les loups dirent aux chiens : « Vous nous êtes semblables en tout : pourquoi ne fraternisez-vous pas avec nous ? Seule nous distingue notre façon de voir les choses. Nous, nous vivons libres ; vous, vous êtes réduits à servir les hommes : non contents d'endurer leurs coups, vous portez un collier et gardez leurs troupeaux. Quand ils mangent, ils ne vous jettent que les os. Faites-nous confiance : livrez-nous les troupeaux ; nous nous les partagerons et mangerons ensemble à satiété. » Les chiens acceptèrent la proposition. Mais ce furent eux que les loups, une fois dans l'étable, commencèrent par égorger.

Tel est le salaire de qui trahit sa patrie.

Le berger et le louveteau

Un berger avait trouvé un petit loup. Il l'éleva et, très tôt, lui apprit à dérober des brebis aux troupeaux du voisinage. Mais une fois dressé, le loup dit au berger : « Maintenant que tu m'as habitué à voler, prends garde d'avoir toi-même à rechercher bon nombre de tes brebis. »

La puce et l'homme

Un jour, une puce importunait un homme. L'ayant saisie, celui-ci s'écria : « Qui es-tu, toi qui te repais de mes membres et me dévores sans façon ? » – C'est ainsi que nous vivons, nous autres puces ; ne me tue pas, je ne peux guère te faire de mal. » Et l'autre de rire : « Tu vas mourir sur l'heure de mes propres mains, car il ne convient pas de laisser le mal croître, qu'il soit petit ou grand. »

Le lion et le lièvre

Un lion tomba sur un lièvre endormi. Il s'apprêtait à le manger quand il vit passer une biche. Alors, laissant le lièvre, il poursuivit la biche. Cependant, réveillé par le bruit, le lièvre prit la fuite. Après avoir longtemps poursuivi la biche sans parvenir à l'attraper, le lion revint vers le lièvre. Mais voyant que lui aussi lui avait échappé, il s'écria : « Et voilà comment l'espoir d'une plus grosse prise m'a fait perdre celle dont j'étais assuré. »

Les hyènes

On dit que les hyènes changent de sexe d'une année sur l'autre : on les voit tantôt mâles et tantôt femelles. Comme une hyène mâle s'apprêtait à saillir par-derrière une hyène femelle, celle-ci lui dit : « Fais-moi donc ce qu'on te fera bientôt. »

À dire au magistrat qui t'outrage et auquel tu t'apprêtes à succéder.

L'âne et la mule

Un âne et une mule faisaient route ensemble. Voyant qu'ils portaient tous deux la même charge, l'âne s'indignait et se plaignait que la mule fût jugée digne d'une double ration alors qu'elle ne portait rien de plus que lui. Cependant, au bout de quelque temps, comme l'âne n'en pouvait plus, l'ânier donna une partie de sa charge à la mule. Un peu plus tard, l'âne étant de nouveau à bout de forces, l'ânier le soulagea d'une autre partie de son fardeau, tant et si bien qu'à la fin ce fut la mule qui porta tout. Alors, celle-ci se tourna vers l'âne : « Eh bien, ne mérité-je pas ma double ration ? »

Jugeons des choses à la fin et non au commencement.

Le renard sans queue

Un renard avait eu la queue coupée par un piège. Se jugeant déshonoré, il n'avait plus goût à la vie. Mais il eut une idée : il allait pousser les autres renards à se mutiler de même ; partagée par tous, son infirmité passerait inaperçue. Le voici qui rassemble tous les renards et les engage à se couper la queue, appendice, à l'en croire, laid et inutilement lourd. Mais l'un des renards prit la parole : « Eh, l'ami ! si cela ne t'arrangeait pas, tu ne nous aurais pas donné ce conseil. »

Tel qui donne des conseils voit surtout son intérêt et bien peu celui d'autrui.

Le singe et le chameau

Lors d'une assemblée des animaux, un singe se leva et se mit à danser. Sa danse plut et tous le lui firent savoir. Jaloux, le chameau entendit recueillir semblables suffrages. À son tour, il se leva et se mit à danser. Mais ses contorsions indignèrent les bêtes qui le chassèrent à coups de bâton.

Avis à l'envieux qui rivalise avec plus fort que lui.

Le cygne pris pour l'oie

Un riche personnage élevait ensemble une oie et un cygne, celui-ci pour son chant et l'autre pour sa chair. Quand l'oie eut à subir ce pour quoi on la nourrissait, il faisait nuit : comment la distinguer du cygne ? C'est celui-ci qu'on emporte. Il chante alors, en prélude à sa mort, et sa voix mélodieuse, révélant qui il est, lui épargne le trépas.

Ainsi, souvent, la musique éloigne la mort pour un temps.

La chèvre et l'âne

Une chèvre et un âne vivaient chez le même maître. Or la chèvre était jalouse de l'âne qu'on nourrissait beaucoup mieux qu'elle. Elle lui dit : « Quel enfer que ta vie ! quand tu n'es pas à la meule, tu portes des fardeaux ! Un conseil : veux-tu te reposer ? Fais croire à une crise d'épilepsie et laisse-toi tomber dans un trou. » Le baudet trouva l'avis fort sage : il se laissa tomber et se rompit les os. Son maître alla chercher secours auprès d'un médecin. « Qu'on donne à l'âne, dit celui-ci, du poumon de chèvre infusé, il se rétablira. » On sacrifia la chèvre et l'âne fut guéri.

À machiner des ruses contre autrui, tu te fais l'artisan de ton propre malheur.

Le renard et la grappe

Un renard qui avait grand-faim aperçut les grappes d'une treille. Il aurait bien voulu les attraper mais il n'y parvint pas. S'éloignant, il se dit à lui-même : « Ces raisins étaient verts. »

Tel échoue, qui s'en prend aux circonstances : c'est pourtant lui l'incapable.

Le ver de terre et le serpent

Un ver de terre vit un serpent qui dormait à l'ombre d'un figuier. Jaloux de sa longueur, il voulut l'égaler. Il s'étira tant et si bien qu'outrepassant ses limites il vola en éclats.

L'homme qui trouva un lion d'or

Un avare qui était aussi un pleutre trouva un lion en or. Et il se disait : « Qu'adviendra-t-il de moi ? Partagé entre mon amour des richesses et ma lâcheté naturelle, je ne me possède plus et ne sais que faire. De quelle fabrique du hasard ou d'un démon ce lion d'or est-il sorti ? Voici qu'à présent mon âme guerroie contre elle-même : elle aime l'or mais craint ce qu'il a servi à fabriquer ; le désir me pousse à saisir ce dont j'incline à m'abstenir. Ô fortune qui donnes et ne permets pas de prendre ! Ô trésor dont on ne peut jouir ! Ô bon génie dont la grâce tourne à ma disgrâce ! Eh quoi ! Que faire ? À quelle ruse recourir ? Je vais faire venir mes serviteurs : ils s'empareront du lion et moi, je regarderai de loin comment ils s'y prennent. »

Tel est le riche qui n'ose pas toucher à ses richesses.

L'ours et le renard

Un ours se vantait d'être un ami du genre humain : « Quand un homme est mort, disait-il, je ne touche pas à son cadavre. » À quoi le renard répliqua : « Si seulement tu dévorais les morts, au lieu des vivants ! »

Vous les violents, hypocrites et vains, bas les masques !

Le laboureur et le loup

Un laboureur détela ses bêtes et les mena à l'abreuvoir. Un loup qui, affamé, cherchait de quoi manger, tomba sur la charrue. Il commença par lécher l'intérieur du joug. Puis, ayant passé le cou dessous et ne pouvant s'en dégager, il se mit petit à petit, sans même s'en rendre compte, à tirer la charrue à travers le labour.

De retour à l'abreuvoir, le laboureur le vit et dit : « Eh ! mauvaise tête, que ne renonces-tu à piller et à mal faire pour te mettre à cultiver la terre ! »

Les méchants ont beau faire profession de vertu, leur manière de s'y prendre fait qu'on ne les croit pas.

Zeus et les hommes

Après avoir façonné les hommes, Zeus pria Hermès de leur verser l'intelligence. Hermès s'exécuta et chacun en reçut part égale. Mais la même mesure qui suffit pour remplir les petits fut insuffisante pour les grands : de là l'intelligence des premiers, bien supérieure à celle des seconds.

Le berger et le chien

Un berger avait coutume, lorsqu'une de ses brebis mourait, de la donner en pâture à son jeune chien. Or, un jour qu'une de ses brebis était malade, il vit le chien à ses côtés, la mine affligée et faisant semblant de pleurer. Le berger alors de caresser le chien en lui disant : « Ta compassion t'honore ; fasse pourtant le ciel que ce que tu désires ne se réalise pas ! »

À ce chien, bien des héritiers font songer.

L'enfant voleur et sa mère

Un jour, à l'école, un garçon déroba la tablette d'un camarade et la rapporta à sa mère. Celle-ci, loin de blâmer son fils, le félicita si bien qu'une autre fois le garçon lui rapporta un vêtement ; ce nouveau larcin lui valut des compliments plus vifs encore. Au fil des ans, l'enfant, devenu jeune homme, commettait des vols de plus en plus importants. Mais un jour, il fut pris sur le fait : on lui lia les mains dans le dos et il fut conduit au bourreau. Comme sa mère l'accompagnait en se frappant la poitrine, il lui dit qu'il voulait lui confier quelque chose à l'oreille. Aussitôt, elle s'approcha de lui. Alors il lui saisit l'oreille et la lui déchira à pleines dents. « Impie ! lui lança sa mère, non content des forfaits que tu as déjà commis, tu outrages ta mère. » À quoi le fils répondit : « Si tu m'avais battu le jour où je t'ai apporté la tablette volée, je n'en serais pas arrivé au point où j'en suis : on ne me conduirait pas à la mort. »

La royauté du lion

La royauté échut à un lion qui n'était ni irascible ni cruel ni violent : sa bienveillance et sa justice avaient quelque chose d'humain. Il y eut sous son règne une assemblée des animaux, occasion pour tous de réparer leurs torts à l'égard de chacun : le loup à l'égard du mouton, la panthère à l'égard du chamois, le tigre à l'égard du cerf et le chien à l'égard du lièvre. Celui-ci – le peureux – dit alors : « J'ai vivement souhaité voir ce jour, où les petits enfin paraissent redoutables aux violents. »

La justice dans l'État et l'équité des jugements assurent la tranquillité des petites gens.

L'âne et le loup

Un âne était à paître dans un champ lorsqu'il vit un loup venir à lui. Il fit alors semblant de boiter. Ayant rejoint l'âne, le loup lui demanda ce qui le faisait boiter ainsi. « En franchissant une clôture, j'ai mis le pied sur une épine, répondit l'âne. Tu n'as qu'à me la retirer, après quoi tu pourras me manger sans craindre de l'avaler. » Le loup obtempéra. Il souleva la patte de l'âne et, comme il était tout à l'examen du sabot, d'un coup de pied dans la mâchoire, l'âne lui fit sauter les dents. Et le loup en piteux état s'écria : « Bien fait pour moi ! Qu'avais-je à me mêler de médecine, moi qu'un père a instruit en l'art de boucherie ? »

À chacun son métier.

L'oiseleur

Un oiseleur déploya ses filets après les avoir attachés aux murs de son pigeonnier. Il se posta à quelque distance et attendit pour voir ce qui allait se passer. Des pigeons sauvages s'approchèrent alors des pigeons domestiques et se firent prendre dans les rets tendus pour eux. L'oiseleur, aussitôt, d'accourir pour s'en emparer. « Comment donc, reprocha-t-il aux pigeons domestiques, n'avez-vous pas averti vos congénères du piège qui leur était tendu ? » Mais les pigeons répondirent : « Mieux valait pour nous échapper à la colère du maître que complaire à nos cousins. »

Ne blâmons pas les serviteurs qui, par amour pour leurs maîtres, manquent aux lois de l'amitié envers leurs propres parents.

Le lion qui avait peur d'une souris et le renard

Une souris s'en vint trotter sur le corps d'un lion endormi. Celui-ci se réveilla et se démena en tous sens à la recherche de son visiteur. Un renard le vit faire et lui dit : « Toi, le lion, une souris te met sur tes gardes ? » Mais le lion répondit : « Ce n'est pas que j'en aie peur : je m'étonnais qu'on eût osé courir sur le corps du lion endormi. »

Même un petit détail retient l'attention de l'homme avisé.

Le brigand et le mûrier

Un brigand fuyait : il avait assassiné un homme sur une route puis l'avait laissé, tout ensanglanté, après que des témoins l'avaient pris en chasse. Or il croisa des voyageurs qui lui demandèrent ce qui lui avait souillé les mains. « Je descends à l'instant d'un mu rier », répondit-il. Comme il parlait ainsi, ses poursuivants le rattrapèrent, le saisirent et le pendirent à un mûrier. Celui-ci lui dit : « Je ne suis pas fâché de servir à ta mort ; car c'est sur moi que tu t'es essuyé du sang que tu as fait couler. »

Même un homme bon n'hésite pas à traiter durement celui qui l'a calomnié.

Les loups et les chiens en guerre

Un jour, la haine dressa loups et chiens les uns contre les autres. Les chiens se choisirent un général grec. Celui-ci tardait à engager le combat, nonobstant les violentes menaces des loups. « Apprenez, dit-il à ces derniers, pourquoi je prends mon temps : il est bon de délibérer avant d'agir. Vous formez, vous les loups, une seule race et êtes tous de la même couleur. Nos soldats, eux, sont de mœurs très diverses : chacun vient d'une région dont il est fier. Et ils diffèrent aussi par le pelage : les uns sont noirs, d'autres roux, d'autres blancs ou cendrés. Comment donc pourrais-je commander à des soldats si peu semblables et si peu accordés les uns aux autres ? »

Les armes de la victoire : une seule volonté, une seule pensée.

L'âne qui portait du sel

Un âne chargé de sel traversait une rivière. Un faux pas le fit tomber dans l'eau. Le sel alors fondit et l'a ne se releva plus léger. Il en fut tout heureux. Un peu plus tard, se trouvant chargé d'éponges au bord de la même rivière, il se dit que s'il tombait à nouveau, il se relèverait plus léger et fit exprès de glisser. Qu'arriva-t-il ? Les éponges s'imbibèrent et, incapable de se relever, l'âne périt noyé.

Il est des ruses qui se retournent contre nous.

Le paon et le choucas

Discussion des oiseaux : « Qui sera notre roi ? – Ma beauté me destine à l'être », estime le paon. Tous les oiseaux d'approuver. Mais le choucas : « Une supposition. Tu es notre roi, l'aigle nous attaque : comment nous viendras-tu en aide ? »

Prévoyance est sagesse.

La cigale et le renard

Une cigale chantait à la cime d'un arbre. Un renard qui voulait la manger imagina la ruse que voici. Il vint se mettre juste en dessous d'elle et lui dit son admiration pour la douceur de son chant. Il l'invita à descendre ; il désirait, disait-il, contempler un animal doué d'une telle voix. Mais la cigale flaira le piège. Elle arracha une feuille et la laissa tomber. Et comme le renard accourait croyant que c'était la cigale, celle-ci lui dit : « Erreur l'ami ! ce n'est pas moi. Je me garde des renards depuis le jour où, dans la crotte de l'un d'eux, j'ai reconnu des ailes de cigale. »

À quelque chose, malheur est bon.

Les navigateurs

Des navigateurs s'étaient embarqués pour un voyage. Quand ils furent au large, une violente tempête se leva et peu s'en fallut que leur navire ne sombrât. L'un d'eux avait déchiré ses vêtements et invoquait les dieux de ses pères avec force plaintes et gémissements ; il leur promettait sacrifices et actions de grâce s'ils les tiraient de ce péril. Mais quand la bonace eut succédé à l'orage, on vit nos gens banqueter, sauter, danser, tout à la joie inespérée d'avoir échappé au danger. Le pilote, quant à lui, gardait la tête froide : « Réjouissons-nous, mes amis, leur dit-il, tout en songeant qu'il se pourrait que revienne la tempête. »

Ne nous laissons pas griser par le succès : changeante est la fortune.

Le riche et le tanneur

Un homme riche habitait tout près d'une tannerie. Comme il ne supportait pas la mauvaise odeur des peaux, jour après jour, il pressait le tanneur, son voisin, de déménager. Celui-ci avait beau dire qu'il ne tarderait guère, il remettait sans cesse. Et cela dura tant et si bien qu'à la longue le riche s'habitua à l'odeur et cessa d'importuner son voisin.

L'habitude atténue les désagréments.

Les pleureuses

Un homme riche avait deux filles. L'une d'elles étant morte, il engagea des pleureuses. L'autre fille dit alors à sa mère : « Voilà bien notre malheur : nous qui souffrons, nous ne savons pas comment nous lamenter, alors que ces femmes qui n'ont aucune part à notre deuil se frappent et pleurent avec toute la violence requise. – Ne sois pas étonnée, mon enfant, répondit la mère, si elles se lamentent de façon si émouvante : elles le font pour de l'argent. »

Le berger et la mer

Un berger paissait son troupeau au bord de la mer et celle-ci lui parut si calme qu'il fut pris du désir de naviguer : il ferait du commerce. Il vendit donc ses moutons, acheta des dattes et gagna le large. Survint une tempête : le bateau menaçant de couler, notre homme jeta toute sa cargaison à la mer et se sauva à grand-peine avec son bateau vide. À quelque temps de là, comme un passant admirait combien la mer était tranquille – et de fait elle l'était alors – le berger lui dit : « Mon cher, c'est parce qu'elle a encore envie de dattes qu'elle se montre si calme. »

C'est ainsi qu'on s'instruit dans l'expérience du malheur.

Le lion et la grenouille

Un lion entendit une grenouille coasser et se retourna, pensant voir un gros animal. Mais lorsque, quelques instants plus tard, il vit que c'était une grenouille qui sortait de l'étang, il l'écrasa, disant : « Si petit corps et si grands cris ! »

Prends garde, bavard, qui ne sais que parler !

Le paysan et ses enfants

Un paysan était parvenu au terme de sa vie. Comme il souhaitait faire savoir à ses enfants ce qu'est la culture de la terre, il les fit venir près de lui. « Mes enfants, leur dit-il, l'heure est venue pour moi de mourir ; quant à vous, rien ne vous manquera si vous cherchez ce que j'ai caché dans ma vigne. » Les enfants pensèrent qu'il parlait d'un trésor et, leur père mort, bêchèrent la vigne à fond. De trésor, ils ne trouvèrent point mais la vigne bien labourée donna du fruit en surabondance.

C'est le travail qui est un trésor.

Le rossignol et le faucon

À la pointe d'un chêne, un rossignol chantait. Un faucon qui avait grand-faim l'aperçut : fondant sur lui, il l'enserra dans ses griffes. Se voyant près de mourir, le rossignol priait le faucon de le laisser aller : « Ce n'est pas, dit-il, un rossignol qui va remplir le ventre d'un faucon. Si tu as vraiment faim, va-t-en chasser de plus gros oiseaux. » Le faucon répliqua : « Je serais bien bête de laisser la nourriture que j'ai à portée de bec pour m'en aller chercher des proies qui, pour l'heure, échappent à ma vue. »

À vouloir toujours plus, l'insensé se prive même de ce qu'il a.

L'aigle

Comme il se tenait à l'affût des lièvres, au sommet d'un rocher, un aigle fut frappé d'une flèche dont la pointe s'enfonça dans sa chair. À la vue des plumes de l'empenne, il s'écria : « Ce m'est un double chagrin de mourir victime de mes propres plumes. »

L'aiguillon qui nous frappe est d'autant plus douloureux que nous l'avons nous-mêmes aiguisé.

La grenouille et le renard

De l'étang où elle se tenait, une grenouille criait à tous les animaux : « Moi, je suis médecin, experte ès médicaments ! » Alors le renard lui lança : « Comment rendras-tu la santé aux autres, toi qui ne sais même pas soigner ta boiterie ? »

L'ignorant prétendrait nous instruire ?

Les bœufs et le lion

Trois bœufs paissaient toujours ensemble. Mauvaise affaire pour le lion qui aurait bien voulu les dévorer. Semant alors la division entre eux par des propos mensongers, il tomba sur chacun d'eux séparément et les dévora l'un après l'autre.

Veux-tu vivre à l'abri du danger, défie-toi de tes ennemis et garde tes amis en leur faisant confiance.

Le chien invité à dîner

Comme son maître s'apprêtait à régaler d'un festin amis et familiers, un chien invita l'un de ses pareils : « Viens donc, l'ami, festoyer à la maison. » L'invité arriva tout joyeux. Il s'arrêta à la vue du grand dîner, aboyant en lui-même : « Oh ! oh ! quel régal soudain s'offre à mes yeux ! Je vais me remplir la panse et manger si bien que je n'aurai pas faim demain. » Tout en se parlant ainsi, le chien remuait la queue : il faisait pleine confiance à son ami. Mais le cuisinier, le voyant tourner la queue de-ci de-là, l'attrapa par les pattes et le passa incontinent par la fenêtre. L'animal s'en retourna, gémissant lamentablement. En chemin, il rencontra une troupe de chiens ; l'un d'eux lui demanda : « Alors l'ami, comment as-tu dîné ? – J'ai bu et me suis enivré au point que je ne sais même plus par où je suis sorti. »

Défions-nous des bienfaits promis sur les biens d'autrui.

L'enfant et le corbeau

Une femme consulta l'oracle au sujet de son jeune enfant. Les devins lui prédirent qu'il serait tué par un corbeau. Épouvantée, elle aménagea un grand coffre et y enferma l'enfant, espérant ainsi lui épargner la mort prédite. Et chaque jour, à la même heure, elle ouvrait le coffre et donnait à l'enfant de quoi se nourrir. Or, un jour qu'elle avait ouvert le coffre et qu'elle rabattait le couvercle, l'enfant eut l'imprudence de se pencher au-dehors. Et ainsi il arriva que le corbeau du coffre, heurtant le crâne de l'enfant, le tua sur le coup.

Les petits de la guenon

On dit que les petits de la guenon viennent toujours au monde par deux. L'un est l'objet des tendres soins de sa mère tandis que l'autre est à la fois détesté et abandonné à lui-même. Mais la providence veille : le premier est si bien dorloté et étroitement embrassé qu'il meurt étouffé entre les bras de sa mère ; celui qu'on néglige, quant à lui, s'épanouit sans entrave.

Le fils, son père et le lion

Il était une fois un vieillard timoré qui avait un fils unique. Celui-ci était brave et assez porté sur les plaisirs de la chasse. Or le vieillard eut un songe dans lequel il voyait son fils tué par un lion. Craignant que ce qu'il avait vu en rêve ne se réalisât, il aménagea à l'étage un appartement somptueux et y tint son fils sous bonne garde. Pour lui faire plaisir, il fit peindre sur les murs toutes sortes d'animaux, au nombre desquels figurait un lion. Cependant, plus le garçon regardait ces peintures, plus il s'affligeait. Si bien qu'un jour, s'étant approché du lion : « Maudit animal, s'écria-t-il, c'est à cause du songe menteur de mon père que je suis enfermé dans cette prison de femme. » Et il lança son poing contre le mur pour crever l'œil du lion. Mais une écharde s'enfonça sous son ongle : s'ensuivit une vive douleur et une inflammation. Une tumeur se forma et, bientôt, une fièvre brûlante emporta le garçon. Tout peint qu'il était, le lion n'avait pas moins tué l'enfant pour qui son père avait en vain déployé tant d'artifice.

Nul n'échappe à son destin.

Le renard et la panthère

« Admire, disait la panthère, l'éclat varié de mon pelage. – Chez nous autres, renards, ce n'est pas le corps qui brille, c'est l'esprit. »

Le fanfaron

Un athlète à qui ses concitoyens ne cessaient de reprocher son manque de vigueur quitta un jour son pays. De retour au bout d'un certain temps, il allait proclamant les exploits qu'il avait, disait-il, accomplis à l'étranger : à Rhodes en particulier, il avait sauté plus loin qu'aucun vainqueur aux jeux olympiques ne saurait le faire. Ceux qui l'avaient vu pourraient, à l'occasion, en témoigner. L'un des assistants prit alors la parole : « Si tu dis la vérité, tu n'as pas besoin de témoins ; fais donc ici le saut de Rhodes ! »

L'épreuve des faits rend tout discours inutile.

L'homme aux cheveux grisonnants et ses deux compagnes

Un homme aux cheveux grisonnants avait deux maîtresses : l'une était jeune et l'autre vieille. Celle qui était d'un âge avancé avait honte d'avoir un amant plus jeune qu'elle : lorsqu'il venait chez elle, elle n'avait de cesse de lui arracher ses cheveux noirs. La plus jeune, quant à elle, réticente à l'idée d'avoir un vieil homme pour amant, lui arrachait ses cheveux blancs. Chacune à son tour arracha tant et si bien qu'il devint chauve.

Mauvaise chose que l'inégalité des conditions.

Le berger et les louveteaux

Un berger qui avait trouvé des louveteaux les éleva avec le plus grand soin. « Une fois adultes, se disait-il, non seulement ils garderont mes brebis mais encore ils enlèveront celles des autres et me les apporteront. » Mais aussitôt devenus grands, voyant qu'ils n'avaient rien à craindre du berger, les louveteaux s'attaquèrent à son troupeau. Quand il s'en aperçut, le berger se répandit en lamentations : « Mais aussi, dit-il, pourquoi ai-je laissé grandir des animaux qui, adultes, allaient se montrer encore plus indésirables. »

Épargnes-tu les méchants ? Devenus forts, c'est contre toi d'abord qu'ils se retournent.

Le lion et le renard

Un lion, à qui son grand âge ne permettait plus de se procurer de la nourriture par la force, eut recours à un stratagème. Il entra dans une grotte et s'y coucha, feignant d'être malade. Et il faisait sa proie des animaux venus le visiter. Beaucoup avaient déjà péri quand le renard, qui avait éventé la ruse, se présenta. Il s'arrêta à distance de la grotte et demanda au lion comment il allait. « Mal », répondit celui-ci ; et il ajouta : « Pourquoi n'entres-tu pas ? – Je l'aurais fait, dit le renard, si je ne voyais beaucoup de traces d'animaux qui sont entrés, mais d'animal qui soit sorti, aucune. »

L'homme avisé a tôt fait de flairer les dangers et de les éviter.

Le loup et l'agneau réfugié dans un temple

Poursuivi par un loup, un agneau chercha refuge dans un temple. Comme le loup lui disait que si le prêtre le trouvait là, il l'immolerait à son dieu, l'agneau répondit : « À tout prendre, je préfère finir sur l'autel d'un dieu qu'entre tes mâchoires. »

Mourons, s'il faut mourir, mais dans l'honneur.

Le paysan et le serpent

Un serpent s'était glissé auprès de l'enfant d'un paysan et l'avait tué. Terrible fut la douleur du père qui, prenant une hache, alla se poster à l'entrée du trou du reptile, prêt à le frapper dès qu'il sortirait. De fait, le serpent n'eut pas plus tôt passé la tête dehors que le paysan abattit sa hache. Mais celle-ci tomba à côté du reptile, sur une pierre qu'elle fendit en deux. Alors, craignant des représailles, le paysan invita le serpent à se réconcilier avec lui. Mais le serpent répondit : « Comment ne pas nous haïr quand nous voyons moi la pierre entaillée et toi le tombeau de ton enfant ? »

À grande haine, paix difficile.

Mordu par un chien

Un chien l'ayant mordu, un homme courait çà et là, cherchant qui le soignerait. Quelqu'un lui dit : « Tu n'as qu'à essuyer le sang avec du pain ; après quoi, jette le morceau au chien qui t'a mordu. – Rien de tel, répondit l'autre, pour me faire mordre par tous les chiens de la ville. »

Flatter le méchant, c'est aiguiser sa malfaisance.

Zeus juge

Zeus dit à Hermès : « Inscris les fautes des hommes sur des coquilles que tu déposeras dans cette coupe, près de moi. Je pourrai ainsi faire payer les coupables. »

Mais les coquilles se sont mélangées et certaines tardent plus que d'autres à tomber entre les mains du juste juge.

Rien d'étonnant, dès lors, si les criminels ne reçoivent pas plus vite le châtiment de leurs méfaits.

Le soleil et les grenouilles

Cet été-là, on célébrait les noces du Soleil. Tous les animaux se réjouissaient. Même les grenouilles étaient dans l'allégresse. Mais l'une d'elles s'écria : « Insensées, qu'avez-vous à vous réjouir ? Si, à lui seul, le Soleil peut dessécher tout le limon, que n'aurons-nous pas à souffrir si, une fois marié, il engendre un enfant tel que lui ? »

Tête légère, tu te réjouis de ce qui ne t'apportera nulle joie !

La mule

L'orge lui ayant donné des forces, une mule se mit à bondir. Elle se vantait en elle-même : « J'ai pour père un coursier rapide – le cheval – et je lui ressemble en tout. » Mais, un jour, la nécessité la força de courir. La course terminée, sa mine s'allongea : elle se souvenait de son père l'âne.

Connais-tu un jour la gloire, n'oublie pas pour autant tes origines : cette vie n'est qu'inconstance.

Héraclès et Ploutos

Quand il fut reçu en qualité de nouveau dieu à la table de Zeus, Héraclès salua chacun des Immortels de fort bonne grâce. Mais quand Ploutos[1] arriva, le dernier de tous, le nouveau dieu baissa les yeux et se détourna de lui. Zeus s'en étonna : « Pourquoi, lui demanda-t-il, après avoir salué tous les dieux avec joie, as-tu détourné ton regard du seul Ploutos ?– C'est, lui répondit Héraclès, qu'au temps de mon séjour parmi les hommes je le voyais la plupart du temps en compagnie des méchants. »

Ces propos s'appliqueraient bien à quelque individu que le hasard a enrichi sans lui ôter sa méchanceté.

Le demi-dieu

Un homme offrait de somptueux sacrifices à un demi-dieu qu'il abritait sous son toit. Comme il ne cessait de dépenser sans compter pour ces sacrifices, le demi-dieu lui apparut une nuit et lui dit : « Ami, cesse de dilapider ton bien ; car, si tu dépenses tout, une fois pauvre, tu te retourneras contre moi. »

Il en est que leur sottise a jetés dans le malheur et qui s'en prennent alors aux dieux.

1. Ploutos : dieu de la richesse. Une tradition voulait que Zeus l'eût rendu aveugle de façon qu'il distribuât indistinctement les richesses aux méchants et aux bons. De cette tradition, Aristophane s'est fait l'écho dans sa comédie *Ploutos*. On sait par ailleurs que, durant la période hellénistique, la figure d'Héraclès fut souvent prise comme un modèle de vertu.

Le thon et le dauphin

Poursuivi par un dauphin, un thon fuyait, causant bruyants remous. Il allait être pris quand, emporté par la force de son élan, il échoua bien malgré lui sur le rivage. Le dauphin fut lui aussi projeté hors des flots. Voyant son ennemi rendre l'âme, le thon lui dit : « La mort ne m'est plus à chagrin puisque m'y accompagne celui qui m'y envoie. »

Le chien à la clochette

Comme un chien mordait en traître, son maître lui fixa une clochette au cou pour avertir chacun de sa présence. Et le chien, secouant sa clochette, faisait le fanfaron sur la place publique. Mais une vieille chienne lui dit : « Qu'as-tu à faire le fier ? Ce n'est pas à ta vertu que tu dois cette clochette : elle ne signale que ton vice caché. »

Le fanfaron : la vaine gloire de ses manières dit assez sa méchanceté.

Le loup blessé et la brebis

Un loup que des chiens avaient mordu et laissé à terre en piteux état ne pouvait plus se procurer de nourriture. Voyant une brebis, il la pria d'aller lui chercher à boire à la rivière voisine. « Si tu me donnes à boire, lui dit-il, je pourrai trouver moi-même de quoi manger. » Mais la brebis répondit : « Si je te donne à boire, ton repas ce sera moi. »

Avis à l'hypocrite qui tend ses pièges.

La lampe

Une lampe gorgée d'huile se vantait de briller d'un éclat supérieur au soleil. Un sifflement, un souffle du vent : elle s'éteint. On la rallume et on lui dit : « Éclaire, lampe et tais-toi ; l'éclat des astres ne connaît pas d'éclipse. »

Que l'éclat d'une vie glorieuse ne t'enfume pas d'orgueil : rien de ce qui s'acquiert ne nous appartient en propre.

Le devin

Un devin avait pris place sur l'agora ; il y faisait fortune. Mais soudain, quelqu'un vint lui annoncer que les portes de sa maison avaient été forcées : on avait emporté tout ce qu'elle contenait. Bouleversé, il se leva d'un bond et, tout en se lamentant, courut à sa maison pour voir ce qui s'était passé. Un de ceux qui se trouvaient là lui lança : « Eh, l'ami ! toi qui te targues de prédire l'avenir des autres, tu n'as pas prévu le tien ? »

Tel entend régler les affaires d'autrui qui ne sait pas mener sa propre barque.

Les abeilles et Zeus

Jalouses de leur miel, les abeilles voulurent le mettre à l'abri des hommes. Elles se rendirent chez Zeus et lui demandèrent la force de tuer à coups d'aiguillon ceux qui s'approcheraient de leurs rayons pour y puiser du miel. Leur méchanceté déplut à Zeus : il établit que désormais, lorsqu'elles frapperaient quelqu'un, elles y laisseraient leur dard et, avec lui, la vie.

Tel est assez méchant pour accepter encore de se faire du mal à lui-même.

L'apiculteur

Un homme entra chez un apiculteur, en l'absence de celui-ci, et déroba miel et rayons. Quand l'apiculteur, de retour, aperçut ses ruches vides, il s'arrêta pour les examiner. Survinrent les abeilles, qui revenaient de butiner : le piquant de leurs dards, elles le traitèrent horriblement. Le malheureux s'écria : « Vilaines bêtes, vous avez laissé partir impunément celui qui a vidé vos rayons et moi, qui prends soin de vous, vous me frappez sans pitié ! »

La méprise est fréquente : ouvrant sa porte à l'ennemi, on la ferme à l'ami qu'on soupçonne du pire.

Les prêtres de Cybèle

Des prêtres avaient un âne qu'ils chargeaient de leurs bagages quand ils partaient en voyage. Mais l'animal, un jour, mourut de fatigue. Ils lui arrachèrent la peau, en firent des tambourins et ils en jouaient. Des confrères les rencontrèrent qui leur demandèrent comment allait l'âne. « Il est mort, répondirent-ils, et pourtant il reçoit plus de coups qu'il n'en a jamais reçu de son vivant. »

Il a beau avoir été affranchi, le serviteur doit encore bien souvent s'acquitter de tâches serviles.

Les rats et les belettes

Rats et belettes étaient en guerre. Comme les rats essuyaient défaite sur défaite, ils se réunirent en assemblée et, persuadés qu'il leur manquait des chefs – ainsi s'expliquaient leurs revers –, ils se choisirent des généraux. Pour qu'on les distinguât clairement des autres, ceux-ci se fabriquèrent des cornes et se les ajustèrent. On livra bataille. Déroute générale chez les rats. Les soldats s'enfuirent vers leurs trous et y pénétrèrent sans mal. Mais les généraux, empêchés par leurs cornes, durent rester dehors. Capturés, ils furent dévorés.

Vaine gloire, source de grands maux.

Les mouches

Du miel s'étant répandu dans un cellier, des mouches s'en vinrent à tire-d'aile pour le manger. Comment se passer d'un si doux régal ? Mais leurs pattes s'y engluèrent si bien qu'elles ne purent plus s'envoler. Et elles périrent étouffées, se disant : « Pauvres de nous qui périssons pour un bref instant de plaisir ! »

La fourmi

La fourmi était autrefois un homme qui travaillait la terre. Mais ses propres récoltes ne lui suffisaient pas : il jalousait celles des autres et n'avait de cesse de dérober les fruits de ses voisins. Zeus s'irrita d'une telle avidité et le changea en l'insecte que nous appelons fourmi. L'homme, ainsi métamorphosé, garda ses habitudes : aujourd'hui encore, il parcourt les champs d'autrui et met en réserve le blé et l'orge qu'il y a ramassés.

Si sévèrement qu'on châtie le méchant, il ne s'amende pas.

La fourmi et le scarabée

C'était l'été. Une fourmi parcourait la campagne, faisant provision de blé et d'orge en vue de l'hiver. Un scarabée s'étonna de la voir se démener ainsi : elle seule s'affairait quand les autres animaux se donnaient du bon temps. La fourmi ne pipa mot. Mais plus tard, quand vint l'hiver et que la pluie eut détrempé les bouses, le scarabée vint à elle et la pria de lui donner un peu de ses provisions. La fourmi lui répondit : « Ami scarabée, si tu t'étais activé au temps où mes efforts ne suscitaient que tes sarcasmes, tu n'en serais pas maintenant à manquer de nourriture. »

Hier insouciant dans l'abondance, aujourd'hui aux abois dans la disette.

L'âne et le cheval

Un âne disait à un cheval : « Heureux es-tu ! On est aux petits soins pour toi, on te nourrit en abondance ; quant à moi, je manque même de paille et suis soumis à des peines sans nombre. » Cependant, venue la guerre, un cavalier en armes enfourcha le cheval ; il le faisait aller de tous côtés et le lança au plus fort de la mêlée des combattants. Là, frappé à mort, le cheval s'abattit. Du coup, changeant d'avis, l'âne se lamenta sur le sort du cheval.

Ne jalouse ni les puissants ni les riches. Songe aux envieux qui les menacent et apprends à aimer ta modeste fortune.

Le lion, l'ours et le renard

Un lion et un ours se disputaient le jeune faon qu'ils avaient trouvé. Il se fit entre eux si horrible bataille que, perdant le sens, ils s'abattirent à demi morts. Le renard qui passait par là, les voyant ainsi épuisés, eux et le faon qui gisait non loin, enleva le jeune animal et s'éloigna en passant entre eux. « Malheur à nous ! Nous nous sommes dépensés pour un renard ! », s'écrièrent les deux animaux incapables de se relever.

On enrage à voir le premier venu s'emparer du fruit de son travail.

Le renard et la ronce

Un renard grimpait à une palissade. Ayant glissé, il se retint dans sa chute à une ronce. Les épines lui mirent les pattes en sang et, saisi de douleur, il dit à la ronce : « Hélas, toi dont j'espérais le secours, tu n'as fait qu'accroître mes maux. – Quelle erreur, aussi, dit la ronce, de t'agripper à moi qui ai coutume d'agripper tout le monde. »

Insensé qui va demander de l'aide à qui ne sait que mal faire.

L'astronome

Un astronome avait coutume de sortir, la nuit, pour observer le ciel. Comme il marchait un soir dans les faubourgs de la ville, l'esprit perdu dans les étoiles, il ne vit pas le puits qui s'ouvrait à ses pieds et tomba dedans. Il se lamentait à grands cris ; un passant l'entendit, s'approcha et, ayant appris ce qui s'était passé : « Eh ! toi qui cherches à savoir ce qu'il y a dans le ciel, tu ne vois même pas ce qu'il y a sur terre ! »

Les grenouilles qui demandent un roi

Fâchées de l'anarchie qui régnait parmi elles, les grenouilles envoyèrent une délégation à Zeus : elles voulaient un roi. Zeus vit combien elles étaient naïves : il leur accorda un bout de bois qu'il laissa choir dans leur étang. D'abord effrayées par le bruit, les grenouilles plongèrent au plus profond de l'étang. Puis, comme le morceau de bois restait immobile, elles quittèrent les profondeurs et en vinrent à mépriser leur souverain au point de grimper sur son dos.

S'estimant flouées, elles retournèrent voir Zeus et lui demandèrent un roi un peu moins nonchalant. Alors Zeus s'emporta et leur envoya une hydre qui se jeta sur elles et les dévora.

Mieux vaut, à la tête de l'État, un brave homme un peu lourd qu'un scélérat qui sème la terreur.

Le corbeau malade

Un corbeau malade dit à sa mère : « Prie les dieux, mère, et ne pleure pas. – Lequel d'entre eux, répondit-elle, aura pitié de moi ? En est-il un dont tu n'aies pas volé la part de viande ? »

Tel s'est fait tant d'ennemis qu'il ne trouve plus d'amis quand il en a besoin.

Le loup fier de son ombre et le lion

Hypérion, déjà, penchait vers le couchant
Quand un loup au hasard dans le désert errant
Eut ces mots à la vue de son ombre allongée :
« La peur que j'ai du lion me paraît peu fondée,
Taillé comme je suis, ne va-t-il pas de soi
Que tous les animaux me prennent pour leur roi ? »
Il se berçait ainsi de glorieuses chimères
Quand un lion des plus forts lui déclara la guerre.
Le loup se ravisa : « À s'estimer trop grand
De son propre malheur on se fait l'artisan. »

Le loup et la chèvre

Un loup vit une chèvre qui broutait au flanc d'un roc escarpé. Comme il ne pouvait pas venir jusqu'à elle, il l'invita à descendre : « Tu risques, disait-il, de tomber par mégarde ; d'ailleurs l'herbe est meilleure là où je suis, le gazon y est tout fleuri. » Mais la chèvre lui répondit : « Le festin où tu me pries serait pour ta panse vide. »

Qui connaît le méchant déjoue ses ruses.

Le paysan et le serpent gelé

Cet hiver-là, un paysan trouva un serpent engourdi par le froid. Il en eut pitié, le prit dans ses mains et le plaça sur son sein. Le serpent réchauffé et rendu à lui-même mordit son bienfaiteur. Celui-ci s'écria en mourant : « Je paie le juste prix de ma pitié pour un méchant. »

Les plus grandes marques d'amour ne sauraient émouvoir les méchants.

Le renard et le singe élu roi

Réunis en assemblée, les animaux désignèrent comme roi un singe dont la danse leur avait plu. Le renard en fut jaloux. Voyant un morceau de viande dans un piège, il y mena le singe : « J'ai trouvé, lui dit-il, un trésor, mais il n'est pas pour moi : je l'ai gardé pour toi, ce sera ton cadeau d'investiture. Tiens, prends-le. » Sans plus réfléchir, le singe s'approcha et se trouva pris au piège. Comme il reprochait au renard de l'avoir trompé, celui-ci lui dit : « Un imbécile comme toi, singe, voudrait régner sur les animaux ? »

Qui se lance inconsidérément dans une entreprise court à l'échec et, de surcroît, s'expose au ridicule.

Zeus et le serpent

Comme Zeus se mariait, chacun des animaux fit le cadeau approprié à ses propres ressources. Le serpent, quant à lui, monta vers Zeus en rampant, une rose à la bouche. À sa vue, Zeus s'écria : « Les cadeaux de tous, je les accepte, mais de ta bouche, pas question d'accepter quoi que ce soit. »

Crains les bonnes grâces des méchants.

La corneille et le chien

Une corneille invita un chien au banquet qu'elle offrait à Athéna. Mais le chien lui dit : « À quoi bon dépenser ton argent à de vains sacrifices ? La déesse te hait si fort qu'elle ôte tout crédit à tes présages. – Je sais bien qu'elle m'en veut, répondit la corneille, et justement, je lui offre des sacrifices pour qu'elle se réconcilie avec moi. »

Par crainte de tes ennemis, tu leur fais du bien.

La tortue et le lièvre

Une tortue et un lièvre prétendaient l'un et l'autre être le plus rapide. Ils se fixèrent un but à atteindre tel jour convenu et se séparèrent. Le lièvre, qui comptait sur sa rapidité naturelle, ne se soucia guère de courir ; il se laissa tomber au bord de la route et s'endormit. Quant à la tortue, qui savait combien elle était lente, elle n'eut de cesse de courir et, laissant derrière elle le lièvre endormi, elle remporta la victoire.

Doué mais paresseux : devancé par qui a peiné.

Les oies et les grues

Des oies et des grues picoraient ensemble dans un pré. Survinrent des chasseurs. Les grues, légères, s'envolèrent ; mais les oies, trop lourdes pour les imiter, furent capturées.

Ainsi, quand vient la guerre, il est facile aux pauvres de gagner une ville où ils trouvent le salut et la liberté ; les riches, quant à eux, retenus par leurs biens trop nombreux, sont souvent réduits en esclavage.

La puce et l'athlète

Une puce sauta un jour sur l'orteil d'un athlète mal en point et le mordit. Saisi de colère, l'athlète s'apprêtait à écraser l'animal entre ses ongles, quand, bondissant comme elle en a l'habitude, la puce lui échappa, évitant ainsi la mort. Alors, l'athlète se lamenta : « Ô Hercule, si c'est ainsi que tu m'aides contre une puce, que sera-ce contre mes adversaires ! »

Le lion et le paysan

Un lion pénétra dans l'étable d'un paysan. Celui-ci, voulant l'attraper, ferma la porte de la cour. Comme il ne pouvait plus sortir, le lion décima d'abord le petit bétail, puis s'attaqua aux bœufs. Alors, craignant pour sa vie, le paysan ouvrit la porte. Le lion parti, comme le paysan se lamentait, sa femme lui dit : « Tu n'as que ce que tu mérites ; pourquoi avoir enfermé une bête dont la seule présence au loin aurait dû te mettre en fuite ? »

Qui excite de plus forts que soi doit s'attendre à supporter les conséquences de son erreur.

Le loup et l'agneau

Voyant un agneau qui buvait à la rivière, le loup ne voulut pas le dévorer sans quelque bonne raison : quoiqu'il fût lui-même en amont, il accusa l'agneau de troubler son eau et de l'empêcher de boire. L'agneau se défendit : « Je bois du bout des lèvres et, d'ailleurs, comment troublerais-je l'eau qui coule en amont de moi ? » Privé de son prétexte, le loup répliqua : « Oui, mais l'an dernier tu as insulté mon père. – Je n'étais pas né alors », dit l'agneau. À quoi le loup répondit : « Tu peux te défendre autant que tu veux, je ne t'en croquerai pas moins. »

Quand on est résolu à te nuire, en vain cherches-tu à te défendre.

Le berger et ses moutons

Un berger conduisit ses moutons dans un bois de chênes ; au pied d'un arbre immense et couvert de glands, il étendit son vêtement puis monta dans les branches qu'il secoua pour faire tomber les fruits. Mais les moutons mangèrent indistinctement les glands et le manteau. À sa descente de l'arbre, voyant ce qui s'était passé, le berger s'écria : « Méchantes bêtes, aux autres vous donnez de votre laine pour qu'ils s'en revêtent et à moi qui vous nourris, vous enlevez même le manteau ! »

Ainsi, sans même s'en rendre compte, bien des gens obligent de parfaits inconnus et font du mal à leurs proches.

L'âne portant une statue de dieu

Un homme avait chargé son âne de la statue d'un dieu et le menait à la ville. Comme, à son passage, chacun se prosternait devant la statue, l'âne se persuada que c'était lui qu'on adorait. Tout excité, il se mit à braire et refusa de marcher plus avant. Comprenant ce qui se passait, l'ânier se mit à rouer de coups l'animal et lui dit : « Tête de bourrique ! il ne manquerait plus que cela : voir un âne adoré par des hommes ! »

Qui te connaît se rit de ton orgueil quand tu n'as point de part à ce dont tu fais vanité.

Le bouc et la vigne

La vigne faisait ses nouvelles pousses. Comme un bouc en croquait les bourgeons, elle lui dit : « Pourquoi me faire du mal ? N'y aurait-il plus d'herbe ? Cependant c'est moi qui fournirai le vin au jour de ton sacrifice. »

Attends-toi qu'on te traite comme tu traites autrui.

Le chevrier et les chèvres sauvages

Un berger vit que ses chèvres s'étaient mêlées à des chèvres sauvages. Loin de chasser celles-ci, le soir venu, il les mena à l'étable avec les siennes. Le lendemain, une tempête s'étant levée, il ne put conduire les animaux au pâturage accoutumé et les garda à l'intérieur. Or, à ses propres chèvres, il ne donna à manger que la portion congrue, juste de quoi les empêcher de mourir de faim. En revanche, il gâta les étrangères, pensant ainsi gagner leurs bonnes grâces. Quand la tempête s'éloigna, il les fit toutes sortir. Arrivées au pré, les chèvres sauvages gagnèrent la montagne et s'enfuirent. Le berger leur lança : « Ingrates, abandonner ainsi celui qui s'est montré aux petits soins pour vous ! » Alors, se retournant, elles lui dirent : « C'est bien cela qui nous a fait nous tenir sur nos gardes ; si nous, qui ne te connaissions que d'un jour, tu nous as mieux traitées que celles qui sont depuis longtemps avec toi, il est clair que tu nous préféreras celles qui viendront après nous. »

Ne nous réjouissons pas des caresses qui nous accueillent, nous, amis de fraîche date, au détriment des anciens : un jour viendra où, vieux amis, on nous délaissera à notre tour.

L'esclave et Aphrodite

Une esclave laide et méchante était aimée de son maître. Elle en recevait de l'argent qu'elle dépensait en parures : elle les voulait plus belles que celles de sa maîtresse. Et elle offrait sacrifice sur sacrifice à Aphrodite, se flattant d'embellir grâce à elle. Mais la déesse lui apparut en songe et lui dit : « Ne me remercie pas de te rendre belle, sache seulement que je suis en colère contre celui à qui tu parais telle. »

Que les fumées de l'orgueil ne t'aveuglent pas, toi qui, sans naissance et sans beauté, dois ta richesse à des procédés honteux.

Ésope dans un chantier naval

Ésope – le fabuliste – vint à flâner dans un chantier naval. Là, provoqué par les moqueries des ouvriers, il leur dit : « Au temps jadis, quand n'existaient que l'eau et le chaos, Zeus voulut produire au jour un nouvel élément : la terre. C'est pourquoi il engagea celle-ci à avaler la mer en trois fois. La première fois, la terre laissa paraître les montagnes, la deuxième fois, elle mit à nu les plaines ; quand il lui plaira de boire une troisième fois, tout votre art ne servira plus à rien. »

Sache qu'il t'en cuira de te moquer de qui t'est supérieur.

Les deux coqs et l'aigle

Deux coqs se battaient pour une poule. L'un mit l'autre en fuite. Le vaincu alla se réfugier dans un réduit obscur. Le vainqueur s'éleva en l'air et, perché au sommet d'un mur, se mit à chanter à tue-tête. Aussitôt, fondant sur lui, un aigle l'enleva. Sortant de sa cachette, son rival put dès lors librement batifoler avec les poules.

La corneille et le corbeau

Jalouse du corbeau, la corneille rêvait qu'on la traitât comme lui : le corbeau, en effet, est pris à témoin par les hommes qui interprètent ses cris comme des présages. Voyant passer des voyageurs, elle gagna un arbre et, perchée sur une branche, elle poussait de grands cris. À sa voix, effrayés, les voyageurs se retournèrent. Mais l'un d'eux prit la parole : « Allons, mes amis, passons notre chemin, ce n'est qu'une corneille, ses cris ne présagent rien du tout. »

L'échec et le ridicule attendent qui prétend rivaliser avec plus fort que soi.

La cigale et les fourmis

On était en hiver et les fourmis faisaient sécher leur grain que la pluie avait mouillé. Une cigale affamée leur demanda de quoi manger. Mais les fourmis lui dirent : « Pourquoi n'as-tu pas, toi aussi, amassé des provisions durant l'été ? – Je n'en ai pas eu le temps, répondit la cigale, cet été je musiquais. – Eh bien, après la flûte de l'été, la danse de l'hiver », conclurent les fourmis. Et elles éclatèrent de rire.

Le perroquet et la chatte

Un homme acheta un perroquet qu'il laissa aller et venir librement dans sa maison. Ce perroquet avait des usages. Il prit son élan, se posa sur l'autel des dieux domestiques et se mit à criailler gaiement. L'ayant aperçu, la chatte de la maison lui demanda qui il était et d'où il venait. « Le maître, répondit le perroquet, vient de m'acheter. – Et c'est toi, effronté, qui, nouveau venu, cries de la sorte, alors qu'à moi, qui suis née dans la maison, les maîtres l'interdisent. Que je m'avise de le faire et, aussitôt, ils se fâchent et me jettent dehors. – Allons donc, madame la chatte ! c'est que ma voix n'importune pas nos maîtres comme la vôtre. »

Avis aux mauvais coucheurs qui trouvent toujours à redire.

L'archer et le lion

Un chasseur s'en vint dans la montagne. C'était un excellent tireur à l'arc. À sa vue, tous les animaux prirent la fuite à l'exception du lion qui le provoqua au combat. Le chasseur lui décocha une flèche et lui dit : « Tu as vu mon messager : maintenant je vais venir à toi en personne. » Blessé par la flèche, le lion prit la fuite. « Reprends-toi, lui dit un renard, et arrête de fuir. – À d'autres, lui répondit le lion : si son messager pique à ce point, que sera-ce quand j'aurai affaire à lui en personne ? »

N'attendons pas qu'il soit trop tard : écartons le péril à la première alerte.

L'orateur Démadès

Un jour, l'orateur Démadès parlait devant le peuple d'Athènes. Comme on ne l'écoutait guère, il demanda la permission de raconter une fable d'Ésope. Permission accordée. Il commença : « Déméter, une hirondelle et une anguille cheminaient de conserve. Elles parvinrent à une rivière. Alors l'hirondelle s'envola et l'anguille plongea. » Puis il se tut. « Et Déméter, cria le peuple, qu'a-t-elle fait ? – Elle s'est mise en colère contre vous qui négligez les affaires de l'État pour vous attacher aux fables d'Ésope. »

Insensé ! tu méprises le nécessaire et lui préfères ton plaisir !

L'âne vêtu de la peau du lion

Un âne vêtu de la peau d'un lion allait semant la terreur parmi les animaux. Voyant un renard, il voulut l'effrayer lui aussi. Mais le renard, qui, justement, venait de l'entendre crier, lui dit : « Tu m'aurais fait peur à moi aussi si je ne t'avais entendu braire ! »

Tel personnage mal dégrossi, que ses dehors d'emprunt font paraître quelqu'un, révèle qui il est par son désir incessant de parler.

TABLE-INDEX

Collection "Poche-Retour aux grands textes"

1. Sénèque, *La Vie heureuse* (suivi de *La Brièveté de la vie*)
2. Épictète, *Ce qui dépend de nous* (*Manuel* et *Entretiens*)
3. Lucrèce, *La Nature des choses*
4. L'Ecclésiaste, *Un temps pour tout*
5. *Le Cantique des cantiques*
6. *La Bhagavad Gîtâ*
7. Pétrone, *Satiricon*
8. Plutarque, *Erotikos*
9. Marc-Aurèle, *Pensées pour moi-même*
10. Cicéron, *Savoir vieillir (Cato Maior, de Senectute)*
11. Cicéron, *L'Amitié (Laelius, de Amicitia)*
12. Aristote, *Les Grands Livres d'éthique (La Grande Morale)*
13. Sénèque, *L'Homme apaisé* (*Colère* et *Clémence*)
14. Plutarque, *La Conscience tranquille* (suivi du *Bavardage*)
15. Juvénal, *La Décadence* (Satires)
16. Sappho, *Le Désir (Œuvres complètes)*
17. Sénèque, *Apprendre à vivre (Lettres à Lucilius)*
18. César, *La Guerre en Gaule*
19. Quintus Cicéron, *Manuel de campagne électorale*
20. Sénèque, *La Providence* (suivi de *La Constance du Sage*)
21. Cicéron, *Devant la mort (Tusculanes I)*
22. Cicéron, *Devant la souffrance (Tusculanes II et III)*
23. Cicéron, *Le Bonheur (Tusculanes IV et V)*
24. Sénèque, *Apprendre à vivre (Tome II)*
25. *Le Livre de Job*
26. Ésope, *Fables*
27. Pline le Jeune, *Le Temps à soi*
28. Platon, *Le Souci du bien*
29. Cardinal Mazarin, *Bréviaire des politiciens*
30. Euripide, *Électre*
31. Lucien de Samosate, *Dialogues des courtisanes*
32. Artémidore, *La Clef des songes*
33. *Chronique anonyme de la Première Croisade*
34. Rivarol, *L'Universalité de la langue française*
35. Homère, *Des héros et des dieux*
36. Anthologie, *Rome et l'amour*
37. Démosthène, *Les Événements de Chersonèse*
38. Hésiode, *Les Travaux et les jours*
39. Plutarque, *L'Intelligence des animaux*
40. Paul Nizan, *Démocrite, Épicure, Lucrèce*
41. Plutarque, *L'Ami véritable*
42. Platon, *Le Bonheur selon Socrate*
43. Montaigne, *L'Éducation des enfants*
44. Ovide, *L'Exil et le Salut*
45. Montaigne, *L'Expérience*
46. Sulamî, *La Lucidité implacable*
47. Salluste, *La Conjuration de Catilina*
48. Plutarque, *Le Vice et la Vertu*
49. Pline l'Ancien, *La Vertu des plantes*
50. Pline l'Ancien, *La Vertu des arbres*
51. Ignace de Loyola, *Exercices spirituels*

52. Claude Terreaux, *Vous reprendrez bien un peu de latin*
53. Montaigne, *Les Essais*
54. Léonard de Vinci, *Maximes, fables et devinettes*
55. Synésios de Cyrène, *Éloge de la calvitie*
56. Érasme, *Savoir-Vivre à l'usage des enfants*
Coffret *Cicéron, Les Tusculanes*
Coffret *Éros et Vénus*

T R A N S C O D É
ET ACHEVÉ D'IMPRIMER
EN MARS 2007
SUR LES PRESSES DE
CORLET IMPRIMEUR
À CONDÉ-SUR-NOIREAU
C A L V A D O S

Numéro d'édition : 0318
Numéro d'impression : 99064
Dépôt légal : mars 2007
Imprimé en France